Working with Spanish

Level 2

Coursebook

Also from ST(P):

WORKING WITH SPANISH – LEVEL 1
    Juan Kattán-Ibarra and Tim Connell
SPAIN AFTER FRANCO – Language in context
    Juan Kattán-Ibarra and Tim Connell
CURSO PRÁCTICO DE ESPAÑOL PARA MAYORES
    Monica Wilden-Hart
JAGUAR READERS
    EL ENREDO (A.M. Kosnik)
    EL OJO DE AGUA (A. Schrade)
    UN VERANO MISTERIOSO (A.M. Kosnik)
    LA HERENCIA (R. Hernández de Escobar)
GUIDE TO SPANISH IDIOMS/GUÍA DE MODISMOS ESPAÑOLES
    Raymond H. Pierson
GUIDE TO CORRESPONDENCE IN SPANISH
    Mary H. Jackson
THE SPANISH VERB
    Tim Connell and Elizabeth van Heusden
COMPLETE HANDBOOK OF SPANISH VERBS
    Judith Noble and Jaime Lacasa

Working with Spanish

Level 2
Coursebook

Juan Kattán-Ibarra

Tim Connell

Ealing College of Higher Education

Stanley Thornes (Publishers) Ltd

First published in 1984 by
Stanley Thornes (Publishers) Ltd
Old Station Drive
Leckhampton
CHELTENHAM GL53 0DN

Reprinted 1986
Reprinted 1988

British Library Cataloguing in Publication Data

Kattán-Ibarra, Juan
    Working with Spanish.
    Level 2
    1. Spanish language — Grammar — 1950 —
    I. Title   II. Connell, Tim
    468.2'4   PC4112

    ISBN 0-85950-118-3

Typeset in 12/13pt Aldine by Tech-Set, Gateshead, Tyne & Wear.
Printed and bound in Great Britain by Bell & Bain Ltd., Thornliebank, Glasgow.

INTRODUCTION

Working with Spanish – Level 2 is designed as a continuation of the language work introduced in Level 1, but will also be suitable as a free-standing course-book for students approaching intermediate level, or anyone wishing to revive or consolidate their knowledge of Spanish. Emphasis here is placed on functions concerning events in past and future time, and the Conditional and Subjunctive are fully covered.

Each Unit introduces a specific language function (talking about what you used to do, for example) and most units also include a second section developing from the first (e.g. past description). These functions are fully illustrated and exploited through dialogues, listening material and group exercises. At the same time the forms for each tense and its particular uses are clearly laid out at the end of each Unit, complete with examples drawn from the extensive range of texts, practice drills and dialogues which serve to illustrate these points.

The course is designed for the needs of people who expect to use Spanish in a practical context, but should also appeal to adult learners in general. It covers situations which will be familiar to those working in different fields of business as well as situations arising from foreign travel. Both Spain and Latin America are used as locations, and both Spanish and Latin American voices figure in the tapes which accompany the course. (Taped material is indicated by the symbol .)

The exercises to be found in each Unit are of a practical nature, including the use of realia (filling in forms, job specifications, details of forthcoming conferences), and directed towards the kind of skills which would be called on in reality: summaries, conversations for listening comprehension, telephone dialogues, and report writing. Situation-based exercises include some interpreting. The final Unit of Level 2 is designed to consolidate what the students have learnt and give them additional practice in specific skills. The exercises (24 in all) can, however, be used in conjunction with earlier units and could constitute a useful selection of material for tests or assessment work.

The contents list summarises topics, functions and structures Unit-by-Unit, while indexes provide a grammar summary and a Spanish–English vocabulary.

The Teacher's Notes provide the letters for dictation and transcripts of listening comprehension and interpreting exercises together with Unit-by-Unit details of functions and structural exponents and of the grammatical content.

CONTENTS

ACKNOWLEDGEMENTS

The authors wish to express their gratitude to the following for source material:

Cambio 16, El País Semanal, La Vanguardia

Every effort has been made to contact copyright holders for material used in this book. However, in one or two cases this has not been possible; the publishers would be pleased to hear from anyone claiming copyright for such material, and to make the necessary arrangements.

Thanks are also due to Marion and Tony Morrison for the photograph of Machu Picchu on page 26, and Shell International Petroleum Co Ltd for permission to reproduce photographs on pages 1, 13, 30, 75, 85, 148; and extracts and graphics from *Shell Briefing Service*.

Special thanks are due to Teresa Barro, Julia Zapata, María Asensio, Miguel Peñaranda, Carlos Téllez-Rojo and Martín Santiago, who provided the 'voices' for the recorded material.

Unidad 1

NACI EN CADIZ

Asking and giving personal information in the past

Reports

Study these reports published by a Spanish magazine on the careers of three Spanish executives.

Carmen Ruiz Blasco

36 años

Responsable del Departamento de Marketing y Publicidad de Ediciones Barceló. Soltera.

Carmen Ruiz, madrileña, realizó estudios técnico-comerciales en el Liceo Francés de Madrid; se diplomó en Marketing y Dirección Comercial y siguió un curso de Dirección de Marketing en Pamplona. Trabajó cinco años como asistente de cuentas en una agencia de publicidad del grupo Francohispano. En 1977 ingresó en el equipo de Ediciones Barceló donde es jefa del Departamento de Marketing y Publicidad de la empresa. Carmen Ruiz estudió piano en el Real Conservatorio de Madrid.

Carmen Ruiz Blasco es jefa del Departamento de Marketing y Publicidad

1

Gabriel López Martínez

34 años

Director de Marketing de Williamson Ltd
Casado, 1 hijo

Sus estudios primarios los realizó en México, donde nació. Cursó el bachillerato en España y sus estudios superiores de Ciencias Económicas en una universidad norteamericana. En 1973 ingresó en el Departamento de Marketing de Davies & Johnson en la Ciudad de México a cargo del área de detergentes, jabones de tocador y dentífricos. En 1975, pasó a gerente de productos de Cosmética Americana donde trabajó durante cinco años. En 1980, Williamson Ltd le nombró Director de Marketing, responsable del área de productos de consumo masivo. En octubre de 1980 se casó con una sevillana y se trasladó a España donde trabaja actualmente en la línea de niños y pañales de la misma firma.

Antonio Ferrer Blanco

62 años

Director Comercial de Seguros Generales S.A.
Casado, 5 hijos

Nació en Cádiz. Antonio Ferrer realizó el bachillerato universitario y los estudios de profesor mercantil en Madrid. Posteriormente hizo numerosos cursos y seminarios de Marketing y Dirección Comercial. En 1950 ingresó en la Compañía de Seguros La Nacional como subdirector comercial. En 1955 pasó a Seguros Generales S.A. como jefe de producción en Galicia. Después ejerció el mismo cargo en Andalucía. En 1962 ascendió a director comercial, cargo que ostenta en la actualidad. Es un gran aficionado a la pintura, a la pesca y a la filatelia.

(*Actualidad Económica* Nº1230, adapted)

Practice

1 Say whether the following statements are true or false. Correct false statements.

(*a*) Antonio Ferrer realizó el bachillerato en Cádiz.
(*b*) Ingresó en Seguros Generales S.A. en 1950.
(*c*) En Galicia y Andalucía trabajó como jefe de producción.
(*d*) Gabriel López nació en México.
(*e*) Estudió Ciencias Económicas en los Estados Unidos.
(*f*) Se casó en 1975 con una mexicana.
(*g*) Carmen Ruiz realizó estudios técnico-comerciales en Francia.
(*h*) En Francohispana trabajó como Directora Comercial.
(*i*) Ingresó en Ediciones Barceló en 1977.

2 Complete this form with information about Antonio Ferrer:

HISTORIAL DE TRABAJO

NOMBRE . . . . APELLIDOS. . . . .

EDAD . . . . ESTADO CIVIL . . . .

CARGO ACTUAL . . . . DESDE. . . . .

EMPRESA. . . . .

. . . .

CARGOS ANTERIORES (en orden cronológico)

. . . .

. . . .

. . . .

ESTUDIOS . . . .

. . . .

. . . .

3 Dialogue

The report on Antonio Ferrer was based on an interview with him. This is part of that interview.

Pregunta	¿Dónde nació usted, señor Ferrer?
Respuesta	Nací en Cádiz.
Pregunta	¿Cuándo nació?
Respuesta	Nací el 5 de mayo de 1920.
Pregunta	¿Dónde hizo usted el bachillerato universitario?
Respuesta	Mis estudios de bachillerato los realicé en Madrid.

Pregunta	¿Hizo otros estudios?
Respuesta	Primero hice estudios de Profesor Mercantil y posteriormente hice algunos cursos de Marketing y de Dirección Comercial.
Pregunta	¿Cuándo comenzó usted a trabajar?
Respuesta	En el año 1950. Ese año ingresé en la Compañía de Seguros La Nacional. Luego, en 1955, pasé a Seguros Generales S.A. como jefe de producción, primero en Galicia y después en Andalucía.
Pregunta	¿Qué cargo ocupa usted actualmente?
Respuesta	Soy Director Comercial de la compañía.
Pregunta	¿Está usted casado, señor Ferrer?
Respuesta	Sí, estoy casado y tengo cinco hijos.
Pregunta	¿A qué se dedica usted en sus horas libres?
Respuesta	Soy un gran aficionado a la pintura, a la pesca y a la filatelia.
Pregunta	Le agradezco mucho su información, señor Ferrer. Hasta luego y muchísimas gracias.
Respuesta	De nada. Hasta luego.

Now get together with another student and ask and answer questions in the past tense about yourselves. Like this:

(a) ¿Dónde nació Vd. (naciste tú)?
(b) ¿Cuándo nació (naciste)?
(c) ¿Cuándo comenzó (comenzaste) los estudios primarios?
(d) ¿Cuándo los terminó (terminaste)?
(e) ¿Dónde realizó (realizaste) los estudios secundarios? ¿En qué fechas?
(f) ¿Qué estudios superiores tiene (tienes)?
(g) ¿Dónde y cuándo los realizó (realizaste)?
(h) ¿Cuándo comenzó (comenzaste) a trabajar?
(i) ¿En qué lugares trabajó (trabajaste)?
(j) ¿Qué cargos ocupó (ocupaste)?

Ask and answer more personal questions. Like this:

(k) ¿Está (estás) casado(a) o soltero(a)?
(l) ¿Cuándo se casó (te casaste)?
(m) ¿Tiene (tienes) hijos?
(n) ¿Cuándo nació su (tu) primer hijo?

4 Sustained speaking

Give a brief talk about yourself including personal information as well as information about your studies and career. You may use the questions above as a guideline.

5 Writing

Imagine that you are one of the executives in the reports. Rewrite the report on Gabriel López Martínez or Carmen Ruiz Blasco in the first person, as if it were written by you. Like this:

"Me llamo Carmen Ruiz Blasco, soy madrileña, realicé estudios técnico-comerciales ..."

6 Dictation

A letter in Spanish will be dictated to you. Take it down following the proper Spanish format. The letter is for Importadora Universal, Calle Los Jazmines, 548, Bilbao, Spain, and it is signed by the personnel manager of your company, Mr John Murray (to be found in the *Teacher's Notes*).

7 Practise this situation with your teacher or another student:

At a party you meet a Venezuelan who has just arrived in this country and does not speak any English. Introduce yourself to him in Spanish, ask him what part of Venezuela he comes from and why he is here. He is impressed by your Spanish and wants to know where you are studying and when you started to study Spanish.

Listening comprehension

While on a business trip in Barcelona Paul Richards, an English businessman, visited the Picasso Museum. A tourist guide gave a brief talk in Spanish about the painter. This is part of her talk. As you listen look for the following information:

(a)	Place of birth of Pablo Picasso	. . . .
(b)	Date of birth	. . . .
(c)	Spanish cities where he studied	. . . .
(d)	Country where he lived and died	. . . .
(e)	Four periods in Picasso's work as a painter	. . . .
		. . . .
		. . . .
		. . . .
(f)	Year in which he painted the Guernica	. . . .
(g)	Year in which the painter died	. . . .
(h)	Age at which he died	. . . .

Now give a brief biographical talk in Spanish about an artist from your own country.

Reading comprehension

Francisco Franco

Francisco Franco Bahamonde nació
en el año 1892 en Ferrol, en la región
de Galicia. En el año 1906 ingresó en
la Academia de Infantería de Toledo
y a la edad de 18 años alcanzó el
grado de teniente. Franco sirvió en
Marruecos. Allí, en la guerra contra
los moros, ascendió rápidamente hasta
alcanzar el grado de general en el año
1927, a la edad de 35 años.

En el año 1936 Franco pasó a ser jefe
de las fuerzas en Canarias. En el mes
de julio de ese año comenzó la guerra
civil española entre las fuerzas
republicanas del gobierno y los
nacionales en rebelión. Franco

abandonó Canarias, se dirigió a Marruecos y desde allí fue a España donde fue
nombrado jefe del ejército nacional.

La guerra civil terminó en el año 1939 con el triunfo de los nacionales y Franco
se declaró Jefe de Estado con el título de El Caudillo. En 1969 nombró al
Príncipe Juan Carlos como su sucesor.

El General Franco murió el 20 de noviembre de 1975 después de una larga
enfermedad. Su gobierno duró treinta y seis años.

Juan Carlos I

Juan Carlos de Borbón y Borbón, Rey
de España, nació en Roma en el año
1938. Su abuelo fue el Rey Alfonso
XIII, quien abdicó en el año 1931,
año en que comenzó la República.
Juan Carlos se educó en Suiza y a la
edad de 16 años ingresó en la Academia
Militar de Zaragoza. Pocos años más
tarde realizó estudios de Económicas,
Política y Derecho en la Universidad
de Madrid. Entre los años 1957 y
1959 sirvió en las tres ramas de las
Fuerzas Armadas. En el año 1962 se
casó con la Princesa Sofía de Grecia.
Tienen un hijo (el Príncipe de Asturias)
y dos hijas.

De acuerdo con disposiciones del año 1947, fue designado futuro rey en lugar de su padre en el año 1969. Durante la larga enfermedad de Franco, Juan Carlos se hizo cargo del poder durante dos breves períodos y dos días después de la muerte del Caudillo, el 22 de noviembre de 1975, comenzó su reinado como Juan Carlos I.

1   Answer in Spanish:
- (a) ¿Cuándo nació Franco?
- (b) ¿Dónde nació?
- (c) ¿Dónde realizó sus estudios militares?
- (d) ¿A qué grado ascendió a la edad de 18 años?
- (e) ¿Cuándo comenzó la guerra civil española?
- (f) ¿Qué fuerzas dirigió Franco?
- (g) ¿Cuándo terminó la guerra?
- (h) ¿Qué hizo Franco en 1969?
- (i) ¿Cuándo murió el General Franco?

2   Translation

Translate into English the passage "Juan Carlos I".

3   Look for information about a famous Spanish or Latin American character and write a brief biographical passage in Spanish about him or her.

Summary

Asking and giving personal information in the past

(i) Date and place of birth
¿Cuándo nació usted? Nací el 5 de mayo de 1920.
¿Dónde nació Gabriel López? Nació en México.

(ii) Education
¿Dónde hizo (or realizó) usted sus estudios? Los hice (realicé) en Madrid.
¿Qué estudió Gabriel López? Estudió Ciencias Económicas.

(iii) Career
¿Cuándo comenzó usted a trabajar? Comencé en 1950.

(iv) Marriage
¿Cuándo se casó usted? Me casé en 1980.
¿Cuándo se casó el señor Ferrer? Se casó en 1945.

Grammar

1   The preterite tense (regular verbs)

	-ar verbs	-er verbs	-ir verbs
	trabajar	nacer	vivir
	trabajé	nací	viví
	trabajaste	naciste	viviste
	trabajó	nació	vivió
	trabajamos	nacimos	vivimos
	trabajasteis	nacisteis	vivisteis
	trabajaron	nacieron	vivieron

Trabajé allí durante cinco años.
El rey nació en el año 1938.
Vivieron en México hasta 1980.

2   Hacer (preterite tense)

hice
hiciste
hizo
hicimos
hicisteis
hicieron

Hice mis estudios en México.
Juan Carlos I hizo sus estudios en Suiza y en España.
¿Dónde hizo usted sus estudios secundarios?

3   Ser (preterite tense)

fui
fuiste
fue
fuimos
fuisteis
fueron

(Yo) fui jefe de producción en Andalucía.
Carmen Ruiz fue asistente de cuentas.

4   Ser + past participle (passive voice)

Franco fue nombrado jefe del Ejército.
Juan Carlos fue designado futuro rey.
(Yo) fui ascendido a Director Comercial.

5   Words used in relating a sequence of events.

Primero hice estudios de profesor mercantil ...
Posteriormente realicé unos cursos de Marketing.
Después ejercí el mismo cargo en Andalucía.
Luego pasé a ser Director Comercial.
(Pocos años) más tarde me casé.

Unidad 2

ESTUVIMOS ALLI DOS SEMANAS

A **Asking and answering questions about past events**

Dialogue

At a party Sr. García, a Spanish businessman, talks to another guest about Argentina.

Sra. Morales	¿Conoce usted la Argentina?
Sr. García	Sí, estuve en Buenos Aires unos días, hace tres años. Tengo unos parientes que viven allí. Emigraron a la Argentina en el año 1940.
Sra. Morales	Es una ciudad muy bonita, ¿verdad?
Sr. García	Sí, a mí me gustó muchísimo. Desgraciadamente no pude quedarme mucho tiempo. Tuve que volver a Madrid.
Sra. Morales	Mi marido y yo estuvimos allí dos semanas y lo pasamos estupendamente.

9

Sr. García	¿Estuvieron en algún otro país?
Sra. Morales	Sí, también fuimos al Uruguay y al Brasil. Río nos encantó. ¿Conoce usted el Brasil?
Sr. García	Solamente conozco San Pablo. Nuestra compañía abrió una oficina allí hace un año.
Sra. Morales	Aquí viene mi marido. Luis, te presento al Sr. Carlos García.
Sr. García	Encantado de conocerle.
Sr. Morales	Mucho gusto.

Practice

1 Say whether the following statements are true or false. Correct false statements.

(*a*) El Sr. García fue a la Argentina en el año 1940.
(*b*) Estuvo tres años en Buenos Aires.
(*c*) Tiene parientes en la Argentina.
(*d*) A él no le gustó mucho Buenos Aires.
(*e*) La Sra. Morales y su marido estuvieron allí dos semanas.
(*f*) También fueron al Uruguay y al Brasil.
(*g*) Los señores Morales conocieron Río de Janeiro.
(*h*) La compañía del Sr. García abrió una oficina en San Pablo hace dos años.

2 At a party you meet a young South American visitor. Complete this conversation with him. Note that he is using the familiar form, normally used among young people, even if they have not met before.

Sudamericano	¿Conoces Sudamérica?
Usted	(Yes, you were in South America a year ago.)
Sudamericano	¿En qué país estuviste?
Usted	(You went to Chile first, then to Peru and Ecuador.)
Sudamericano	¿No fuiste a Venezuela?
Usted	(No, you didn't go to Venezuela. From Quito you returned home.)
Sudamericano	¿Te gustó el Perú?
Usted	(Yes, you liked it very much, especially Machu Picchu and Cuzco.)
Sudamericano	¿Qué te pareció Chile?
Usted	(It seemed a very nice country to you. You met many people there.)

Sudamericano   ¿En qué parte de Ecuador estuviste?

Usted   (You were in Quito and Guayaquil. But you liked Quito more. It is a much nicer city.)

3 Sustained speaking

Give a brief talk describing a trip abroad, on holiday or business.

Answer questions like these:

¿En qué país o países estuvo?
¿Qué ciudades visitó?
¿Cuánto tiempo estuvo?
¿Con quién fue?
¿En qué viajó?
¿Por qué fue allí?
¿Qué país o ciudad le gustó más?
¿Por qué le gustó (no le gustó)?

4

You are working as a translator for a magazine which deals with topics related to industry and commerce and you have been asked to translate the following news items into English:

4–8 Mayo

TRANSPORTE INTERNACIONAL

El XVII Congreso de la Unión Internacional del Transporte por Carretera tuvo lugar del 4 al 8 de mayo en Sevilla. El lema de este año fue "El transporte por carretera, pieza clave en la sociedad moderna".

5–29 Mayo

MERCADOTECNIA INTERNACIONAL

La Cámara Oficial de Comercio e Industria de Madrid organizó, entre los días 5 y 29 de mayo un curso sobre Mercadotecnia Internacional patrocinado por el Instituto de Reforma de las Estructuras Comerciales del Ministerio de Comercio y Turismo.

5–8 Mayo

CONTAMINACION ATMOSFERICA

El Coloquio Internacional sobre la Contaminación Atmosférica se celebró en París los días 5 al 8 de mayo.

(*Actualidad Económica* Nº 1.151)

B Describing trends and making comparisons

The following report gives some information on oil production in the world. It is based on an interview with an oil expert. Study the text before you listen to the interview.

Producción de Petróleo Crudo y Líquidos del Gas Natural

La producción mundial total de petróleo crudo y líquidos del gas natural (líquidos extraídos del gas natural) bajó en un 5,5 por ciento en 1981. Se produjeron 59,4 millones de barriles por día, en promedio, mientras que la producción de 1980 fue de 62,8 millones de barriles por día.

Las Américas Central y del Sur aumentaron sus cifras en más del 6,5 por ciento en 1981, a pesar de una disminución del 2 por ciento en la producción venezolana. El Brasil y Colombia incrementaron su producción pero el aumento global se debe, en su mayor parte, a la producción mexicana, de más de 2,5 millones de barriles por día. México triplicó, casi, su producción en los últimos cinco años.

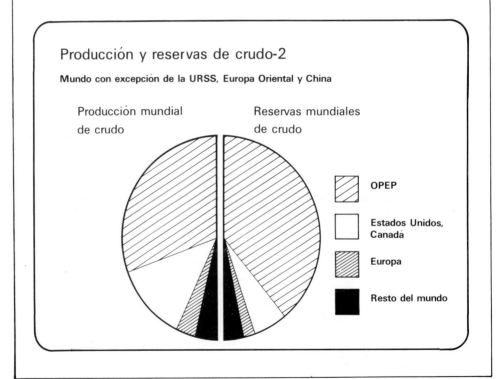

Producción y reservas de crudo-2

Mundo con excepción de la URSS, Europa Oriental y China

Producción mundial de crudo

Reservas mundiales de crudo

OPEP

Estados Unidos, Canadá

Europa

Resto del mundo

(Shell Briefing Service Nº 2)

Interview

Petróleo crudo y líquidos del gas natural: producción diaria media (estimada)			
(Miles de barriles por día)	1981	1980	1979
México	2555	2135	1620
Venezuela	2220	2265	2435
Argentina	495	500	480
Brasil	225	190	175
Ecuador	210	220	215
Perú	195	190	205
Trinidad	190	215	215
Colombia	135	120	130
Chile	40	40	35
Bolivia	20	25	30
Otros	10	10	10
Total América Central y del Sur	**6295**	**5910**	**5550**

Pregunta   ¿Puede usted decirme cuáles son las cifras de producción mundial de petróleo crudo y líquidos del gas natural para el año 1981?

Respuesta   Bueno, la producción total fue de 59.4 millones de barriles, por día, en promedio, lo que representa una disminución del 5.5 por ciento con respecto al año anterior, en que se produjeron 3.4 millones más de barriles por día.

Pregunta   ¿Esta disminución afectó de manera similar a todos los países productores de petróleo?

Respuesta   No. De hecho en Centroamérica y Sudamérica la producción aumentó en más del 6.5 por ciento, aunque sí hubo una disminución del 2 por ciento en el caso de Venezuela. Tanto el Brasil como Colombia produjeron mayor cantidad de petróleo, pero el aumento global es debido, principalmente, a la producción mexicana, la que alcanzó 2.5 millones de barriles por día. Entre 1976 y 1981 México triplicó su producción.

Practice

1 The manager in your department has seen the introductory report on page 12 and as his Spanish is not very good he has asked you to answer a few questions in English for him.

    (*a*) How much crude oil and natural gas liquids were produced in 1981?

    (*b*) How does this compare with the previous year?

    (*c*) Has production also gone down in Central and South America?

    (*d*) Has Venezuela increased its production?

    (*e*) What is the situation like in Mexico?

2 Translation

The introductory report (page 12) will be included in an English periodical dealing with industrial development in Latin America. You have been asked to translate that paragraph into English.

3 Reading/Writing

Study the two tables below and read the accompanying passage.

Turismo

TURISTAS ENTRADOS EN ESPAÑA		
	julio	enero-julio
Por frontera hispano-francesa	67,4%	50,3%
Por frontera portuguesa	9,5%	15,0%
Procedentes de Marruecos (a Ceuta y Melilla)	1,9%	3,5%

VIAS DE ENTRADA		
Vía terrestre	78,8%	68,8%
Vía aérea	18,9%	27,4%
Vía marítima	2,3%	3,5%

(*Actualidad Económica* Nº 1068)

En el mes de julio último, la mayor parte de los turistas que entraron en España lo hicieron a través de la frontera hispano-francesa. En efecto, el 67,4 por ciento utilizaron dicho punto de entrada, frente a un 9,5 por ciento que entraron a través de la frontera portuguesa y el 1,9 por ciento que procedieron de Marruecos hacia las ciudades españolas de Ceuta y Melilla en Africa del Norte. Es decir, el 78,8 por ciento de personas entradas en España durante ese mes lo hicieron por fronteras terrestres. Por contraste, sólo un 18,9 por ciento llegaron en avión, mientras que el número de turistas que utilizó puertos marítimos no alcanzó más que un 2,3 por ciento del total. Las cifras anteriores nos permiten inferir que entre los medios de transportes utilizados por los visitantes entrados en España, el automóvil tiene una gran superioridad, seguido a cierta distancia por el avión. Los transportes marítimos, en cambio, se emplean en porcentaje muy mínimo.

Answer in Spanish:

(a)   ¿Por dónde entraron la mayor parte de los turistas en el mes de julio?

(b)   ¿Qué porcentaje entró a través de la frontera portuguesa en el mismo mes?

(c)   ¿Cuál fue la vía de acceso más utilizada?

(d)   ¿Cuál fue la menos utilizada?

Write a similar text about the tourists who entered Spain between January and July. Use the passage above as a model. Begin like this:

"Entre los meses de enero y julio, la mayor parte de los turistas que entraron en España lo hicieron . . ."

Listening comprehension

Here is a news bulletin from Radio España. Listen and choose the sentence which best summarizes each news item in the programme.

1   (a)   Los precios disminuyeron en un 25 por ciento.
        (b)   La inflación se mantuvo en un 25 por ciento anual.
        (c)   Los precios subieron en un 25 por ciento.

2   (a)   Llegó a Venezuela el Ministro de Industria y Comercio de España.
        (b)   El Ministro de Industria y Comercio venezolano volvió a Venezuela.
        (c)   Fue recibido en España el Ministro de Industria y Comercio de Venezuela.

3   (a)   La Universidad de Salamanca anunció el comienzo de sus cursos de verano.
        (b)   Los cursos de verano de la Universidad de Salamanca comenzaron el 15 de julio.
        (c)   El 15 de julio terminaron los cursos de verano de la Universidad de Salamanca.

4 (*a*) Los trabajadores de la salud continuaron el conflicto laboral.

    (*b*) El conflicto laboral de los trabajadores de la salud terminó.

    (*c*) Los trabajadores de la salud decidieron no aceptar el 6 por ciento de aumento.

5 (*a*) La Organización de Países Productores de Petróleo anunció el aumento de la producción de petróleo y el mantenimiento de los precios.

    (*b*) La producción de petróleo disminuyó pero los precios se mantuvieron, informó la organización.

    (*c*) La organización acordó disminuir la producción de petróleo y aumentar los precios.

6 (*a*) Hubo muchas víctimas a causa del movimiento sísmico.

    (*b*) El movimiento sísmico causó daños materiales.

    (*c*) Numerosas víctimas y daños materiales causó un movimiento sísmico en la América del Sur.

7 (*a*) España disminuyó sus inversiones en la América del Sur.

    (*b*) La América del Sur aumentó sus capitales en España.

    (*c*) La inversión española en Sudamérica aumentó de manera considerable.

Reading comprehension

La Conquista de México (1521)

La llegada de los españoles en 1519 inició una de las etapas más cruentas en la historia de México, la que culminó con el sitio y destrucción de Tenochtitlán, la capital del imperio azteca, en al año 1521, y la captura y muerte de Cuauhtémoc, el último emperador.

Luego de la rendición de Tenochtitlán, el conquistador Hernán Cortés comenzó la reconstrucción de la ciudad y la distribución de las tierras y los nativos entre los soldados españoles.

El primer virrey de México fue nombrado en el año 1535. El virrey fundó ciudades, entre ellas Guadalajara, y procedió a la consolidación de la conquista. El segundo virrey de México creó en 1553 la Universidad de México, que fue la primera en América.

La Independencia

México obtuvo su independencia en el año 1810, aunque ésta no fue reconocida por el gobierno español hasta el 24 de febrero de 1821.

En los primeros años de vida independiente México se constituyó en una República Federal y el país se dividió entre liberales y conservadores.

Años más tarde el país fue invadido por Francia y se estableció en México una monarquía constitucional. Se ofreció la corona al archiduque de Austria, Maximiliano de Habsburgo, quien desembarcó en Veracruz en el año 1864. Maximiliano tuvo que hacer frente a una fuerte resistencia liberal. En junio de 1867 el monarca fue hecho prisionero y ejecutado en Querétaro.

La Nueva República

Benito Juárez restableció el gobierno republicano, reorganizó el ejército, creó el Congreso de la Unión y reformó la Constitución de 1857.

En 1884 asumió la presidencia por segunda vez el General Porfirio Díaz y se mantuvo en ella hasta 1911.

La Revolución Mexicana

El movimiento revolucionario fue iniciado por Francisco I. Madero el 20 de noviembre de 1910 y culminó con la caída de Porfirio Díaz y sus partidarios. En esta etapa de la historia mexicana destacaron figuras tales como Emiliano Zapata, Francisco Villa, Obregón, Carranza y muchos más.

1 Rearrange these sentences in the sequence in which they appear in the text.

- Los españoles destruyeron la ciudad azteca de Tenochtitlán.
- Se creó la Universidad de México.
- Los españoles llegaron a México.
- Cortés comenzó la reconstrucción de Tenochtitlán.
- El primer virrey fundó Guadalajara.
- Se nombró al primer virrey de México.

2 Answer in Spanish:

(a) ¿Cuándo tuvo lugar la independencia de México?
(b) ¿Qué forma de gobierno adoptó el país?
(c) ¿Qué país europeo invadió México?
(d) ¿Qué forma de gobierno se estableció?
(e) ¿Cómo se llamó el monarca?
(f) ¿Cómo terminó su reinado?

3 Translation

Translate into English the paragraph "La Independencia".

Summary

A Asking and answering questions about past events

¿Estuvieron en algún otro país? Sí, también fuimos al Uruguay.

B Describing trends

La producción mundial bajó en un 5,5 por ciento en 1981.

Entre 1976 y 1981 México triplicó su producción.

C Making comparisons

Se produjeron 59,4 millones de barriles por día, mientras que la producción de 1980 fue de 62,8 millones.

Tanto el Brasil como Colombia produjeron mayor cantidad de petróleo.

Grammar

1 Conocer (present tense indicative)
c 〉 zc

> ¿Conoce usted la Argentina?
> Sí, conozco Buenos Aires.

2 The preterite tense (irregular verbs)

estar:	estuve, estuviste, estuvo, estuvimos, estuvisteis, estuvieron
tener:	tuve, tuviste, tuvo, tuvimos, tuvisteis, tuvieron
haber:	hube, hubiste, hubo, hubimos, hubisteis, hubieron
poder:	pude, pudiste, pudo, pudimos, pudisteis, pudieron
poner:	puse, pusiste, puso, pusimos, pusisteis, pusieron
saber:	supe, supiste, supo, supimos, supisteis, supieron
querer:	quise, quisiste, quiso, quisimos, quisisteis, quisieron
decir:	dije, dijiste, dijo, dijimos, dijisteis, dijeron
traer:	traje, trajiste, trajo, trajimos, trajisteis, trajeron

producir: produje, produjiste, produjo, produjimos, produjisteis, produjeron

ir/ser: fui, fuiste, fue, fuimos, fuisteis, fueron

3 Linking phrases for contrastive sentences

> mientras que ...
> a pesar de (que) ...
> aunque ...
> por contraste ...
> en cambio ...

La producción venezolana bajó **mientras que** la mexicana aumentó.

A pesar de que la demanda aumentó, la producción bajó.

México obtuvo su independencia en 1810, **aunque** ésta no fue reconocida por España hasta 1821.

La producción mundial de petróleo disminuyó. **Por contraste**, la producción en Centro y Sudamérica subió.

En 1980 se produjeron 62,8 millones de barriles. **En cambio**, en 1981 se produjeron 59,4 millones.

4 "**Hace**" used for past reference.

Estuve en Buenos Aires **hace** tres años.

Nuestra compañía abrió una oficina allí **hace** un año.

5 Por

El transporte **por** carretera.

Se produjeron 59,4 millones de barriles **por** día.

La independencia no fue reconocida **por** el gobierno español.

El 78,8 por ciento entró **por** fronteras terrestres.

Unidad 3

IBA AL TRABAJO EN EL COCHE

A Talking about what you used to do and how long you have been doing something

Dialogue

Before Angela Rodríguez, manageress of a travel firm, joined Turismo Iberia in Madrid, she used to work for a small travel agency in Mallorca. This is a conversation between her and an acquaintance who is going to work in Mallorca.

Conocido	¿Cuánto tiempo hace que trabajas en Turismo Iberia?
Angela	Trabajo aquí desde hace tres años y medio.
Conocido	¿Dónde trabajabas antes?
Angela	En Mallorca. Estaba a cargo de una pequeña agencia de viajes.
Conocido	¿En qué parte de Mallorca vivías?
Angela	Vivía en las afueras de Palma, a unos diez kilómetros de la ciudad. Iba al trabajo en el coche todos los días.

Conocido	¿Te gustaba el trabajo que hacías allí?
Angela	Sí, me gustaba mucho, pero me hacía ilusión volver a Madrid. Echaba de menos el ambiente de aquí.
Conocido	¿Y cuánto tiempo llevas en Madrid?
Angela	Casi cuatro años.

Practice

1   Answer in Spanish:

   (a) ¿Cuánto tiempo hace que Angela trabaja en Turismo Iberia?
   (b) ¿Dónde trabajaba antes?
   (c) ¿Qué hacía allí?
   (d) ¿Dónde vivía?
   (e) ¿En qué iba al trabajo?
   (f) ¿Le gustaba el trabajo que hacía allí?
   (g) ¿Por qué decidió volver a Madrid?
   (h) ¿Cuántos años lleva en Madrid?

2   You are attending a job interview in a Spanish-speaking country and you are asked to provide some information about your career. Here are some of the questions you are expected to answer:

   (a) ¿A qué se dedica usted ahora?
   (b) ¿Hace cuánto tiempo que se dedica a esta actividad?
   (c) ¿Qué hacía antes? ¿Trabajaba o estudiaba?
   (d) ¿Estaba satisfecho(a) con la actividad que realizaba?
   (e) ¿Cuál es su dirección actual?
   (f) ¿Cuánto tiempo lleva en esta dirección?
   (g) ¿Dónde vivía usted antes?

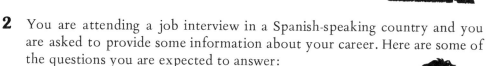

3   Sustained speaking

Give a brief talk about a period spent in a city or country, on holiday or business.

Use these questions as a guideline:

- ¿Cómo se llama la ciudad o país donde usted fue?
- ¿Qué hacía usted allí?
- ¿Estaba solo(a) o acompañado(a)?
- ¿Estaba en un hotel, con amigos, etc.?
- ¿A qué hora se levantaba?
- ¿Qué hacía durante el día?
- ¿Qué hacía por las tardes?
- ¿Cómo pasaba los fines de semana?

4 Writing

Read this information about Ignacio Benítez.

En el año 1978 Ignacio Benítez vivía en la Ciudad de México. Ignacio trabajaba en una fábrica de calzado donde era Jefe de Sección. Comenzaba su trabajo a las 9.00 y terminaba a las 5.00. Ignacio tenía cuatro semanas de vacaciones por año.

Now write a similar paragraph about Carmen Vargas.

AÑO	1978	1980
NOMBRE	Ignacio Benítez	Carmen Vargas
RESIDENCIA	Ciudad de México	Los Angeles
LUGAR DE TRABAJO	Fábrica de calzado	Industria de conservas
CARGO	Jefe de Sección	Obrera
HORARIO	9.00–5.00	8.00–4.00
VACACIONES	4 semanas	3 semanas

B Past description

Dialogue

Listen to the description Angela gives of the travel agency where she used to work.

Conocido ¿Cómo era la agencia donde trabajabas?

Angela Era bastante pequeña. Tenía solamente seis empleados y había un ambiente de trabajo muy agradable.

Conocido ¿En qué parte de Palma estaba?

Angela Estaba en el centro, cerca de la Plaza España. Teníamos solamente dos habitaciones grandes en la planta baja de un edificio donde había varias oficinas más.

Conocido	¿Era muy caro el alquiler?
Angela	No, no resultaba muy caro porque estábamos allí desde hacía varios años. Pero, en general, los alquileres en ese sector son bastante altos.
Conocido	Me imagino que teníais muchos clientes. ¿no?
Angela	Pues, aparte de los clientes habituales, que no eran muy numerosos, había suficiente demanda durante la mayor parte del año. ¿Conoces a alguien en Palma?
Conocido	No, no conozco a nadie.
Angela	Si quieres te puedo dar la dirección de algún amigo. Conozco a mucha gente allí.
Conocido	Bueno. Te lo agradezco mucho.
Angela	Espera un momento. Ya vuelvo.

Practice

1 Using the information provided by Angela, write one descriptive sentence in each of the boxes below, as in the example.

Tamaño de la agencia	Era bastante pequeña
Nº. de empleados	
Tipo de ambiente	
Situación de la agencia	
Nº. de habitaciones	
Situación de las habitaciones	
El alquiler	
Los clientes	

B

2 Imagine that you are talking to a friend about a hotel where you either stayed or worked. Look at the information below and answer his questions.

(a) ¿Cómo se llamaba el hotel?
(b) ¿Dónde estaba?
(c) ¿Cuántas habitaciones tenía? ¿Cuántas suites?
(d) ¿Tenía aire acondicionado?
(e) · ¿Había centro de convenciones? ¿Para cuántas personas era?
(f) ¿Había piscina?

> **PURUA HIDALGO:**
> 250 habitaciones, 4 suites. Aire acondicionado. Música. Cafetería. Restaurantes. Bares. Centro Nocturno. Salón para banquetes y centro de convenciones para 150 personas. Estacionamiento y todos los servicios.
>
> **Colón 27, Esq. Paseo de la Reforma.**
> **Reservaciones: 585-43-44.**

3 Writing

Read this description of a hotel:

El Hotel El Libertador de Caracas era un hotel de 5 estrellas, que estaba en el centro de la ciudad. En el Hotel El Libertador había 120 habitaciones dobles, 30 individuales y 10 suites. Todas las habitaciones tenían baño privado, teléfono y televisión. En el hotel había 2 bares y 3 restaurantes, una piscina, una sauna y una peluquería. El Hotel El Libertador era cómodo y muy elegante.

Now write a similar description in the past about the Hostal San Pedro.

Nombre	Hostal San Pedro
Ciudad	Sitges
Categoría	2 estrellas
Situación	50 m de la playa
Habitaciones	30 dobles y 5 individuales (lavabo, ducha)
Servicios	1 bar y 1 comedor
Características	Pequeño, económico

4 Ad hoc interpreting

You are with a group of English speakers in a Latin American country. One of the people in the group leaves a briefcase with some rather important documents in a taxi. As his Spanish is not very good you go with him to the Lost Property Office to report the loss. You must act as an interpreter between him and the Spanish-speaking employee. Listen to the text of the conversation and interpret after each person has spoken.

5 Get together with one or two students and make up conversations similar to the one in the interpreting passage, in Spanish or in English and Spanish, with one of the students acting as an interpreter.

Imagine that you have lost, for example:

- una máquina fotográfica (*a camera*)
- una maleta (*a suitcase*)
- un bolso (*a handbag*)

Listening comprehension

Listen to these two conversations which take place in a travel agency: (*a*) A customer telephones to change a reservation. Complete the table below with details of his original reservation and of the changes he wishes to make; (*b*) A customer comes in to make a complaint. Write a note in English explaining to a third person the nature of the complaint.

Name of passenger	Joaquín Peralta
Destination	
Date of original reservation	
Single/return	
Date of new reservation	
Time of flight	

Reading comprehension

El Imperio Inca

El Imperio de los incas conquistado por los españoles en el siglo XVI tenía, en aquella época, una extensión de dos millones de kilómetros cuadrados. Sus dominios comprendían la actual Bolivia, parte de Argentina y de Chile, el Perú, el Ecuador y parte de Colombia. El centro político, militar y religioso del Imperio era el Cuzco. Del Cuzco salían los caminos que se extendían por todo el Imperio. En la ciudad había magníficos palacios, grandes templos y fortalezas. Las construcciones eran de piedra y estaban adornadas con objetos de oro y de plata. Sobre los muros y cimientos de estas edificaciones los españoles construyeron sus propios templos y viviendas. Hoy el Cuzco conserva casi intacto su pasado histórico, mezcla de lo incaico y lo hispánico.

El Cuzco de hoy

La antigua capital del Imperio Inca se encuentra a 3.500 metros de altura y tiene una población de 150.000 habitantes aproximadamente, la mayoría de ellos indígenas. Debido a la altura, aquéllos que visitan la ciudad necesitan algunas horas para adaptarse. Al llegar se recomienda no beber alcohol, comer poco y andar lentamente.
El Cuzco está a 1.838 km de Lima, vía Arequipa, la ciudad más importante en el sur del Perú. El viaje es largo y pintoresco y se tarda dos o tres días por carretera. Para los que prefieren la rapidez hay vuelos directos desde Lima diariamente.

Machu Picchu

A 42 km del Cuzco, en lo alto de una montaña, se encuentran las impresionantes ruinas de Machu Picchu. Machu Picchu escapó a los conquistadores españoles y durante siglos permaneció oculto en la selva hasta su descubrimiento por el norteamericano Hiram Bingham en el año 1911. Allí se encontraron magníficos templos, palacios, terrazas, fuentes, relativamente bien conservados. El Cuzco y Machu Picchu son un importante centro de atracción turística en el Perú.

1   Answer in Spanish:

(*a*)   ¿Cuándo fue conquistado el Imperio Inca por los españoles?
(*b*)   ¿Qué extensión tenía el Imperio?
(*c*)   ¿Cuál era la capital o centro más importante?
(*d*)   ¿De qué estaban hechas las construcciones?
(*e*)   ¿Con qué estaban adornadas?
(*f*)   ¿Dónde construyeron los españoles sus templos y viviendas?

2   Fill in this table with information from the passage "El Cuzco de hoy":

EL CUZCO	
Altura	
Población	
Distancia a Lima	
Recomendaciones a los turistas que visitan la ciudad	

3   Translation

Translate into English the passage "Machu Picchu".

Summary

A   Talking about what you used to do

¿En qué parte de Mallorca vivías?
Vivía en las afueras de Palma.

B   Describing something in the past

¿Cómo era la agencia donde trabajabas?
Era bastante pequeña.

C   Saying how long you have been doing something

¿Cuánto tiempo hace que trabajas en Turismo Iberia?
Trabajo aquí desde hace tres años y medio *or* Hace tres años y medio que trabajo aquí.

¿Cuánto tiempo llevas en Madrid?
Llevo cuatro años aquí *or* Llevo cuatro años viviendo en Madrid.

Grammar

1 The imperfect tense (regular verbs)

-ar verbs   -er verbs   -ir verbs

trabajar	tener	vivir
trabajaba	tenía	vivía
trabajabas	tenías	vivías
trabajaba	tenía	vivía
trabajábamos	teníamos	vivíamos
trabajabais	teníais	vivíais
trabajaban	tenían	vivían

Trabajaba en Mallorca.
Angela **vivía** en las afueras de
Palma.
La agencia **tenía** seis empleados.

2 Imperfect tense of **ser** and **ir** (irregular verbs)

ser	ir
era	iba
eras	ibas
era	iba
éramos	íbamos
erais	ibais
eran	iban

El hotel **era** cómodo.
Era un hotel de cinco estrellas.
Iba al trabajo en el coche.

3 "**Hace**" (used to refer to a continuous action)

¿Cuánto tiempo **hace** que trabajas en Turismo Iberia?
Trabajo aquí **desde hace tres años.**
Hace tres años que trabajo aquí.

¿**Cuánto tiempo hace** que usted vive en España?
Vivo en España **desde hace un año.**
Hace un año que vivo aquí.

¿**Hacía muchos años** que estabais allí?
Hacía varios años que estábamos allí.
Estábamos allí **desde hacía** varios años.

4 "**Llevar**" (used in expressions of time)

¿**Cuánto tiempo llevas** en Madrid?
Llevo cuatro años en Madrid.
¿**Cuánto tiempo lleva** usted en esta empresa?
Llevo dos meses en esta empresa.

5 Personal "a"

> Conozco **a** mucha gente.
> No conozco **a** nadie.
> ¿Conoce usted **a** alguien?

6 **Indefinite** and **negative** pronouns

¿Conoce usted a **alguien**?
No conozco a **nadie**.

¿Hay **alguien** aquí?
No hay **nadie**.

7 **Agradecer** (present tense indicative)
  c ⟩ zc

> (El) le agradece a Angela.
> (Yo) le agrade**zc**o mucho.

Other verbs with a similar change in the first person singular of the present tense indicative are: *carecer, conocer, crecer, desaparecer, desconocer, desobedecer, enriquecer, envejecer, establecer, favorecer, obedecer, ofrecer, parecer, permanecer, pertenecer, reconocer, conducir, introducir, producir, traducir,* etc.

Unidad 4

ESTA OCUPADO

Dialogue

John Dean, an American businessman, telephones Comercial Hispana and asks to speak to Sr. García.

Telefonista	Comercial Hispana. ¿Dígame?
Sr. Dean	Quiero la extensión 456, por favor.
Telefonista	El número está comunicando. ¿Quiere usted esperar?
Sr. Dean	Sí, está bien.
Secretaria	La secretaria del señor García. ¿Dígame?
Sr. Dean	Buenos días. Soy John Dean, de Chicago. Quisiera hablar con el señor García.
Secretaria	El señor García no está en su despacho. Está comiendo con unos clientes. ¿Quiere usted dejarle algún recado?
Sr. Dean	En realidad quería hablar con él personalmente antes de irme a Chicago.
Secretaria	¿Cuándo se va usted?
Sr. Dean	Me voy mañana por la noche.

30

Secretaria	Un momento, que voy a ver su agenda. (*Looking at Sr. García's diary*) ¿Sr. Dean?
Sr. Dean	Sí, ¿dígame?
Secretaria	Mañana por la mañana es imposible. Está ocupado aquí en la oficina hasta las once y luego está invitado a una reunión en la Cámara de Comercio. Si gusta puede venir usted a las dos. ¿Le parece bien?
Sr. Dean	Perfectamente. Hasta mañana, entonces.
Secretaria	Hasta mañana.

Practice

1 **Answer in Spanish:**

(*a*) ¿Con quién quiere hablar el Sr. Dean?
(*b*) ¿Está el Sr. García en su despacho?
(*c*) ¿Qué está haciendo?
(*d*) ¿Cuándo se va a Chicago el Sr. Dean?
(*e*) ¿Por qué es imposible hablar con el Sr. García mañana por la mañana?
(*f*) ¿A qué hora está libre?

2 Match each phrase with the corresponding picture:

(*a*) Está comiendo con una cliente.
(*b*) Estoy escribiendo a máquina.
(*c*) Están hablando por teléfono.
(*d*) Estamos bebiendo café.

1

2

3

4

3   Describe this picture and the activities in which the people are engaged.

4   Your boss comes in this morning and wants to know whether certain things have been done. Look at the list below and answer affirmatively (*Sí*), or negatively (*No*), as in the examples below.

¿Está reparada la máquina de escribir? (*Sí*)
Sí, ya está reparada.
¿Está terminado el informe para la reunión de hoy? (*No*)
No, todavía no está terminado.

Continúe:
(*a*) ¿Están enviadas las invitaciones para la recepción? (*Sí*)
(*b*) ¿Está despachado el pedido para la papelería? (*No*)
(*c*) ¿Está reservada la habitación en el hotel? (*Sí*)
(*d*) ¿Está pagada la cuenta del teléfono? (*Sí*)
(*e*) ¿Están embaladas las mercancías que hay que enviar a Caracas? (*No*)
(*f*) ¿Está terminada la huelga? (*No*)

5   **A telephone conversation**

Student A: You are secretary to Mr Martin Bale who has asked you not to pass any calls to him today as he is very busy. A Spanish speaker telephones Mr Bale but you have to find some good excuses for not being able to put the caller through to him. Mr Bale will not be available the next day in the morning as he has an invitation to attend a meeting at the Town Hall. He is free in the afternoon from 2.00 to 3.00.

Student B: You are staying in London for a few days and decide to see Mr Bale, manager of a firm with which you have done some business in the past. You telephone to make an appointment but his secretary informs you that Mr Bale is not available that day. As you are going back home in two days' time you must try to make an appointment to see Mr Bale the following day.

Some useful words and phrases:

lo siento, pero …	*I'm sorry, but …*
asistir a una reunión	*to attend a meeting*
el Ayuntamiento	*the Town Hall*
está libre	*he's free*

B   Talking about regulations

Dialogue

John Dean has parked in the wrong place. A policeman comes up to him.

Policía	¿Es suyo este coche?
Sr. Dean	Sí, es mío.
Policía	¿No sabe usted que está prohibido aparcar en esta calle?
Sr. Dean	Perdone usted, no sabía. Es la primera vez que conduzco en Madrid. ¿Se puede dejar el coche en la próxima calle?
Policía	No, allí tampoco está permitido aparcar. Mire, al final de esta calle, en la Plaza Santa Ana, allí hay un aparcamiento.
Sr. Dean	Gracias.

PROHIBIDO APARCAR EN TODA LA AVENIDA

Practice

1 Translation

Your company often sends employees to Mexico for long periods of time. To avoid any misunderstanding with Mexican Customs Officials you have been asked to translate the following information regarding items which may be brought in by residents without paying duties. Give the English equivalent of each item listed.

DELE LA ESPALDA AL CONTRABANDO

Usted tiene franquicia para introducir su equipaje al País, libre de impuestos y requisitos especiales, siempre y cuando esté compuesto de su guardarropa y artículos de aseo de uso personal.

Hay artículos que sí se pueden traer del extranjero; pero hay otros que no. El propósito de este folleto es informarle acerca de estas limitaciones, para que pueda realizar su viaje de regreso sin contratiempos. Si hace sus compras de acuerdo con las listas que aparecen en este mismo folleto, se evitará problemas. De otra manera, al pasar la revisión aduanera, puede sufrir momentos penosos, si trae artículos no permitidos en su equipaje.

DAMAS
6 vestidos o conjuntos de vestir
3 blusas
3 faldas o pantaloncillos
6 pares de medias
2 camisones o pijamas
2 bolsas de mano

VARONES
4 trajes
6 camisas

2 pantalones
6 pares de calcetines
6 corbatas
2 pijamas

AMBOS
2 pares de zapatos
1 par de chinelas (pantuflas)
1 abrigo o estola o chaqueta, que no sea de piel natural
1 impermeable o gabardina
3 suéteres
10 prendas de ropa interior de cualquier clase
2 trajes de baño o pantaloncillos
1 paraguas o sombrilla
1 sombrero
6 pañuelos
1 par de guantes
● Hasta 20 libros.
● Los instrumentos, útiles o herramientas de los profesionales, obreros o artesanos, cuyo peso en conjunto no exceda de 20 kilos.
● Un artículo deportivo o equipo individual de deporte.
● Los adultos, hasta 20 cajetillas de cigarros o 2 cajas de puros.
● Hasta 500 gramos de dulces con exclusión de chocolates.

2 At sight translation

A representative from your company is travelling to Chile and on the way he would like to stop in Argentina for two days to visit some friends. He wants to know whether he needs a visa. Translate this text orally for him.

TRANSITO SIN VISA

Está permitido para los ciudadanos de todos los países si tienen documentación en orden para entrar a otro país y pasaje con reserva confirmada para salir dentro de las 48 horas, excepto ciudadanos de países detrás de la cortina de hierro, quienes pueden hacer tránsito sin visa si salen del mismo aeropuerto dentro de las 24 horas de la llegada.

---

el pasaje (Latin American) = el billete   la visa (Latin American) = el visado

3 Translation

One of your superiors in Britain will be posted to Buenos Aires for two years. He will travel first with his wife and will be followed shortly by his 15-year-old son, who is still at school. He is not sure what documents the child needs. He has only just started to learn Spanish and has asked *you* to translate the following text for him.

Los menores que viajan solos o con un adulto que no es su tutor legal deben tener una autorización escrita firmada por el padre o tutor legal y visada por el Cónsul argentino. Si esta autorización está incluída en el pasaporte no se necesita un documento aparte. Tampoco necesitan esta autorización los menores con pasaporte de E.E.U.U.* de América.

---

*E.E.U.U. = Estados Unidos

Listening comprehension

Angela Rodríguez of Turismo Iberia is talking to a client who is travelling to Venezuela on holiday. Listen to their conversation and then answer the questions which follow.

(a) What does the traveller need to obtain a tourist card?
(b) Where can he get it?
(c) What sort of ticket does he need?
(d) Are Customs regulations in Venezuela different from those of other countries?
(e) Is there any restriction with regard to the amount of foreign currency a traveller can import or export?
(f) Where can the client get information about the current rate of exchange?

Reading comprehension

Régimen de Aduanas (República Argentina)

El pasajero que llega como turista, además de las ropas de uso y elementos de adorno personal, puede ingresar temporalmente al país, libre de todo gravamen, los siguientes efectos usados: máquinas fotográficas, filmadoras y proyector individuales y de uso familiar, prismáticos, máquina de escribir portátil, grabador de sonidos, aparatos de televisión, radio y música portátiles, artículos para el uso y la práctica de deportes (palos de golf, raquetas, cañas de pescar, etc.).

Los pasajeros que ingresan al país temporalmente (por un período de menos de un año) y los pasajeros en tránsito por el país, pueden gozar de la misma franquicia con la diferencia de que sólo pueden introducir una unidad de cada clase de artículos mecánicos, electromecánicos, eléctricos, ópticos y electrónicos.

Cambio de moneda

El cambio de moneda puede realizarse ya sea en el Aeropuerto Internacional de Ezeiza, en los bancos, Casas de Cambio, etc.

En el mencionado aeropuerto la agencia de cambio funciona permanentemente, atendiendo todas las llegadas y salidas; no así las demás agencias de cambio que lo hacen de 10 a 16 horas de lunes a viernes y rotativamente de 9 a 12 horas los sábados. Es importante tener en cuenta que usted puede cambiar el dinero argentino que le sobra al término de su permanencia en el país por su moneda en el mismo aeropuerto de embarque.

También puede utilizar el cheque de viaje para la obtención de dinero argentino y/o pago de los diversos servicios que necesite o las compras que decida hacer.

Propinas (Venezuela)

En Venezuela se acostumbra, por regla general, dar propina cuando la atención con que se brinda un servicio así lo merece. Por ejemplo, al llenar su tanque de gasolina. No se acostumbra dar propina en los taxis ni a los acomodadores en los cines u otro espectáculo. El servicio de restaurantes y hoteles lleva generalmente un recargo de un 10 por ciento y normalmente se da un 5 por ciento extra. También en las peluquerías se suele dar propina.

La hora

Dato fundamental para su viaje a Venezuela es la diferencia horaria. Esta es la equivalencia entre algunos países y Venezuela cuando allí son las 12 m.

12 m.	Brasil (oeste), Canadá (costa atlántica).

12 m.   Brasil (oeste), Canadá (costa atlántica).
11 a.m.   Colombia, Perú, Panamá, Estados Unidos (este), Canadá (este), Jamaica.
10 a.m.   México, Estados Unidos (centro), Canadá (centro).
 9 a.m.   Estados Unidos (Montañas Rocosas), Canadá (Montañas Rocosas).
 8 a.m.   Estados Unidos (Pacífico), Canadá (Pacífico).
 1 p.m.   Argentina, Brasil (este).
 4 p.m.   Gran Bretaña, Portugal, Islas Canarias.
 5 p.m.   España, Alemania, Italia, Francia, Suiza, Bélgica, Dinamarca.
 6 p.m.   Israel.
 7 p.m.   Rusia (Moscú).
 1 a.m.   Japón

(next day).

1 Answer in English:

(a) What articles may be brought by tourists into Argentina without paying Customs duties?

(b) What restriction applies to passengers who are going to live in the country for less than a year and to those in transit?

(c) Where can you change foreign currency?

(d) What time are the "Bureaux de Change" open?

(e) Can you change any remaining foreign currency back when leaving the country?

2 Translation

Translate into English the passage "Propinas (Venezuela)".

Summary

A Talking about present actions

El número 456 está comunicando.
El señor García está comiendo con unos clientes.
Estoy escribiendo a máquina.

B Describing a state or condition

El señor García está ocupado.
La máquina de escribir ya está reparada.
El informe todavía no está terminado.

C   Talking about regulations

Está prohibido aparcar en esta calle.
Allí tampoco está permitido aparcar.
El tránsito sin visa está permitido para los ciudadanos de todos los países.

Grammar

1   Estar + present participle

estoy estás está estamos estáis están	trabajando (-ar verbs) comiendo (-er verbs) escribiendo (-ir verbs)

2   Estar + past participle

(yo) **estoy** (ella) **está** (nosotros) **estamos**	ocu**pado** ocu**pada** ocu**pados**

La habitación **está** Las cartas **están** El material **está**	reser**vada** (-ar verbs) respon**didas** (-er verbs) pe**dido** (-ir verbs)

3   Irregular past participles

abrir: **abierto**	volver: **vuelto**
cubrir: **cubierto**	morir: **muerto**
descubrir: **descubierto**	poner: **puesto**
decir: **dicho**	soltar: **suelto**
hacer: **hecho**	ver: **visto**
escribir: **escrito**	romper: **roto**

4   **Possessive pronouns**

mío	Mi coche	— El **mío**
tuyo		
suyo	Su casa	— La **suya**
nuestro	Nuestros clientes	— Los **nuestros**
vuestro	Vuestras oficinas	— Las **vuestras**
suyo		

5   **Tampoco**

Allí **tampoco** está permitido aparcar.

Tampoco necesitan esta autorización los menores con pasaporte de E.E.U.U.
de América.

6   **Ya, todavía**

La máquina de escribir **ya** está reparada.
El informe **todavía** no está terminado.

Unidad 5

HE LEIDO SU ANUNCIO

Study this advertisement from a Spanish newspaper.

COMPAÑIA INTERNACIONAL
requiere
TRADUCTOR/A
Inglés — Español

SE REQUIERE:
- Perfecto dominio del inglés.
- Formación mínima a nivel de Bachillerato Superior.
- Experiencia mínima de 3 años.
- Edad 25–35 años.
- Residencia en Madrid.

SE OFRECE:
- Importantes ingresos.
- Integración en una Empresa con gran desarrollo en España.
- Posibilidades de promoción.

Interesados escribir pidiendo solicitud y mayor información a **C.E.M.A. Internacional, Departamento de Selección de Personal, Avenida Perón 607, Madrid-2.**

Now read this reply to the advertisement opposite. It was sent by Ana Prado, a translator from Madrid.

Madrid, 3 de octubre de 19 . .

C.E.M.A. INTERNACIONAL
Departamento de Selección de Personal
Avenida Perón 607
Madrid-2

Muy señores míos:

En espera He leído con mucho interés su anuncio en El País de fecha 30 de septiembre para el puesto de traductor en C.E.M.A. Internacional. Dado que cumplo con los requisitos que ustedes exigen, les ruego que me envíen una solicitud e información detallada sobre dicho puesto.

En espera de sus gratas noticias les saluda muy atentamente.

Ana Prado

Ana Prado
Calle La Unión, 345-2°-izq.
Madrid-6

Read this reply sent by C.E.M.A. INTERNACIONAL to Ana Prado.

C.E.M.A. INTERNACIONAL

Avenida Perón 607 — Tel. 501 28 37 — Telex 93618 C.E.M.A. Madrid-2

Madrid, 6 de octubre de 19 . .

Srta. Ana Prado
Calle La Unión, 345-2°-izq.
Madrid-6

Distinguida señorita:

Hemos recibido su carta de 3 del corriente y de acuerdo con su petición le incluimos una solicitud y una descripción detallada sobre el puesto de traductor. Asimismo nos complace enviarle un folleto informativo sobre nuestra organización.

Le saludamos muy atentamente.

José Manuel Duarte

Director
Departamento de Selección de Personal

Ana Prado sent her application form and a few days later she was invited to attend a preliminary informal interview. This is the letter she received:

C.E.M.A. INTERNACIONAL

Avenida Perón 607 — Tel. 501 28 37 — Telex 93618 C.E.M.A. Madrid-2

Madrid, 28 de octubre de 19 . .

Srta. Ana Prado
Calle La Unión, 345-2°-izq.
Madrid-6

Distinguida señorita:

Nos es muy grato informarle que luego de considerar su solicitud para el puesto de traductora en nuestra organización, el comité de selección ha decidido invitarla a una entrevista preliminar, la que tendrá lugar el lunes 5 de noviembre, a las 10.15 de la mañana en nuestra sede de la Avenida Perón, 607.

Le rogamos que nos confirme por escrito su asistencia a dicha entrevista.

Le saludamos muy atentamente.

José Manuel Duarte

Director
Departamento de Selección de Personal

Interview

Ana Prado accepted the invitation above and on 5 November she attended a preliminary interview with Sr. Hernández, manager of the Translation Department. This is part of that interview.

Sr. Hernández	¿Dónde ha hecho usted sus estudios de traducción?
Srta. Prado	He hecho un curso de un año en el Instituto de Traductores e Intérpretes de Ginebra. Allí he obtenido el Diploma de Traductor que otorga el Instituto.
Sr. Hernández	¿Y en qué lugares ha trabajado?

Srta. Prado	Mientras estaba haciendo la licenciatura en Filología inglesa en Madrid, trabajaba de por libre en una agencia de traducciones. Después de regresar de Ginebra he estado trabajando en el Departamento de Traducciones de la Agencia de Prensa UPE.
Sr. Hernández	¿Cuánto tiempo hace que trabaja usted en la Agencia de Prensa?
Srta. Prado	Hace un año y medio.
Sr. Hernández	¿Ha tenido experiencia en traducción técnica?
Srta. Prado	Sí, además de traducción general, he hecho traducciones de tipo técnico, legal y comercial.
Sr. Hernández	¿Ha vivido en algún país de habla inglesa?
Srta. Prado	Sí, he vivido un año en Inglaterra. Allí hice un curso de inglés avanzado.
Sr. Hernández	Usted sabe mecanografía, ¿verdad?
Srta. Prado	Sí, sí sé.
Sr. Hernández	Bien. ¿Tiene usted alguna pregunta que hacerme?
Srta. Prado	Sí. Tengo entendido que antes de la selección final hay una prueba de competencia, ¿no?
Sr. Hernández	Exactamente. Para la prueba hemos seleccionado un texto general y otro especializado. Voy a enseñarle algunos textos que pueden darle una idea del nivel que se requiere. Pase por aquí, por favor.
Srta. Prado	Gracias.

Practice

1 Imagine that you have interviewed Ana Prado. A colleague of yours comes up to you asking for information about the candidate.

Answer his questions:
(a) Has she done any translation course?
(b) Where has she worked?
(c) Is she working now? Where?
(d) Has she any experience in technical translation?
(e) Has she lived in any English-speaking country? Where and for how long?
(f) Can she type?

2 Complete these sentences with information from the interview:
Ana Prado ha hecho un curso de un año en . . .
Ha obtenido el Diploma de . . .

Ha trabajado en ...
Ultimamente ha estado trabajando en ...
Ha tenido experiencia en traducciones de tipo ...
Ha vivido en ... durante ...

3 Letter-writing

You are interested in one of the positions advertised below. Write a letter
asking for an application form and further details about the job.

ENTIDAD FINANCIERA

desea cubrir el puesto de

JEFE DEL DEPARTAMENTO COMERCIAL
DE LA DIVISION INTERNACIONAL

en MADRID

Requistos:
- Experiencia en gestión comercial y entidades financieras.
- Preferentemente con titulación superior o formación equivalente.
- El candidato designado deberá fijar su residencia en Madrid.

Se ofrece:
- Categoría y condiciones económicas a convenir, según experiencia y valía.
- Ventajas sociales.

Los Interesados deberán remitir "curriculum vitae" detallado al Departamento de Relaciones Jurídico-Laborales, apartado de Correos nº 31 de La Coruña, indicando en el sobre la referencia: J.D.C.I.

Se dará contestación a todas las solicitudes, garantizándose la máxima confidencialidad durante todo el proceso de selección.

Of. INEM-90.581-LC

IMPORTANTE EMPRESA DE AMBITO NACIONAL

Necesita

ADMINISTRATIVO

SE REQUIERE:
- Persona responsable y dinámica.
- Dispuesto a residir en cualquier punto de la Península.
- Impuesto en nóminas de salarios, Seguridad Social, Relaciones Laborales, etc.
- Imprescindible experiencia, preferiblemente a pie de obra.
- Servicio Militar cumplido.
- Carnet de conducir.

SE OFRECE
- Interesante puesto de trabajo.
- Incorporación inmediata.
- Retribución económica a convenir de acuerdo con aptitudes.

Interesados, enviar "curriculum vitae" al Apartado de Correos 39. 147 de Madrid, indicando teléfono de contacto.   Ref.-M-1702509

BANCO INDUSTRIAL

para sus oficinas de Madrid
precisa

SECRETARIA BILINGÜE
(Ref. 11.692)

Superior a 1.000.000 de ptas. neto

- Inglés, lengua materna.
- Dominio del español.
- Buena mecanografía.
- Conocimientos actualizados de taquigrafía en español.
- Dispuesta a integrarse en equipo de trabajo, con jornada laboral de mañana y tarde.
- Interesantes perspectivas futuras.
- Sueldo a convenir, según conocimientos y aptitudes, por encima de 1.000.000 de ptas. neto anual.

(M-1.710.186)

 TEA asesora en la selección. Escribir con historial detallado y teléfono de contacto a su División de Psicología, Edificio TEA, Fray Bernardino de Sahagún, 24, Madrid-16, indicando en el sobre la referencia del puesto.

EMPRESA DE INGENIERIA QUIMICA

solicita Ingenieros Industriales o Licenciados en C. Químicas

para

INGENIERO DE PROCESOS
INGENIERO DE VENTAS

- Imprescindible inglés hablado.
- Se valorará experiencia similar.
- Residencia en Madrid.

Interesados, enviar "curriculum" y fotografía reciente, precisando pretensiones económicas, al apartado de Correos nº 45.149.

4   Letter-writing

Your application form has been considered and you have been invited to attend an interview on 25th November at 4.00 p.m. Write a letter confirming your attendance. Use the guidelines below:

● Acknowledge the letter: *He recibido* ...
● Say you are pleased to accept the invitation to the interview: *Me es muy grato* ...

5   You are preparing yourself for a job interview in Spanish. Here are some questions you may be asked. Answer them as fully as possible.

(*a*) ¿Qué estudios ha hecho usted?
(*b*) ¿Dónde ha estudiado?
(*c*) ¿Qué diplomas ha obtenido?
(*d*) ¿Ha trabajado usted antes? ¿Dónde? ¿Durante cuánto tiempo?
(*e*) ¿Ha tenido experiencia en este tipo de trabajo?
(*f*) ¿Cómo se ha enterado sobre este puesto?
(*g*) ¿Por qué está interesado en este trabajo?

6   Dictation

You are working for a company and you have been asked to send a letter to Sr. Jesús Ortega, of Calle Esperanza 213, Murcia, España. It is signed by your manager, Mr Charles Wright. Listen to the text of the letter which will be dictated to you. (It is to be found in the *Teacher's Notes*.)

7   Translation

You are working as a freelance translator and have been asked to translate the following text into English.

El Comercio Exterior

Las características más sobresalientes del comercio español a lo largo del año han sido la marcada desaceleración de las importaciones y, por el contrario, la dinamización de las exportaciones. Esta desaceleración registrada por la importación total del año respecto del año anterior ha sido debida a diversos factores. De forma primordial ha contribuido a esta retracción la contención de las compras de productos petrolíferos que en términos de volumen han disminuido un 7,55% y en términos monetarios han crecido tan sólo un 2,1%. Por otra parte, la depreciación de la peseta respecto al dólar, del 29%, ha encarecido notablemente el valor de los productos a importar. Entre las importaciones, los sectores que han experimentado unas tasas de crecimiento superiores a la media son los productos

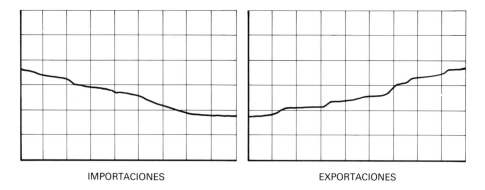

IMPORTACIONES   EXPORTACIONES

minerales, entre los cuales se incluyen los energéticos, con un 32,3% y, el de
bienes de consumo, con un 29,6%. Dentro del material de transporte hay
que señalar el fuerte crecimiento del transporte aéreo, del 95,8%.

En el campo de la exportación los sectores más dinámicos han sido el de
material de transporte marítimo, con un crecimiento en pesetas del 70,7%,
los productos minerales, con un 56,9%, los sectores tradicionales de calzado,
35,9%, y productos textiles, 31,4%.

8   Ad hoc interpreting

Ramón, a Mexican student is coming to your country to do an English
course. The immigration officer at the airport does not speak Spanish, and
he calls an interpreter in order to ask Ramón some routine questions.
Listen to what they say and interpret for them.

Listening comprehension

Listen to this news bulletin from a Mexican radio station and summarize each
news item in English.

Reading comprehension

La autonomía regional en España

España, a diferencia de muchas otras naciones europeas, no constituye una
nación uniforme. España está integrada por diversos pueblos, que a través de su
historia han logrado conservar – pese a las presiones políticas externas – su
propia cultura y sus tradiciones. El artículo 2° de la Constitución española de

MAPA AUTONOMICO DE ESPAÑA

1978 se refiere a la "indisoluble unidad de la nación española", pero al mismo tiempo reconoce y garantiza "el derecho a la autonomía de las nacionalidades y regiones que la integran".
Ya a fines del año 1981 las comunidades autónomas de Cataluña, el País Vasco y Galicia contaban con su propio parlamento y los estatutos de autonomía de Andalucía, Asturias y Cantabria ya estaban aprobados. Otros se encontraban en preparación.

El Castellano, lengua oficial

El artículo 3° de la Constitución española proclama que el español es la lengua oficial del Estado, pero al mismo tiempo reconoce la oficialidad de las otras lenguas españolas:

Artículo 3

1. **El castellano es la lengua española oficial del Estado. Todos los españoles tienen el deber de conocerla y el derecho a usarla.**

2. **Las demás lenguas españolas serán también oficiales en las respectivas Comunidades Autónomas de acuerdo con sus Estatutos.**

3. **La riqueza de las distintas modalidades lingüísticas de España es un patrimonio cultural que será objeto de especial respeto y protección.**

La América Central

Centroamérica se encuentra dividida en varias naciones, la mayoría de ellas con características similares en lo geográfico, lo político, lo social y lo económico. En los últimos años, el istmo centroamericano ha vivido momentos de gran agitación política y de extrema violencia. Nicaragua, gobernada durante muchos años por los Somoza, experimentó en los años setenta una cruenta guerra civil entre las fuerzas del gobierno y el movimiento llamado Frente Sandinista de Liberación Nacional. Con el triunfo sandinista y la caída de Anastasio Somoza, comenzó en Nicaragua un período de reestructuración que está permitiendo a esta nación transformar — aunque no sin grandes dificultades e incertidumbre con respecto al futuro — el esquema político, económico y social del antiguo régimen.

Desde los comienzos de la década de los ochenta, los países centroamericanos más afectados por las luchas internas y la violencia política han sido El Salvador y Guatemala. Campesinos, obreros, estudiantes y el pueblo en general han sufrido las consecuencias del largo conflicto armado entre las fuerzas que representan al gobierno y los grupos revolucionarios. Miles de personas han muerto y otros miles han abandonado sus tierras y sus hogares en busca de seguridad. Honduras tampoco ha sido un excepción.

Costa Rica, con una larga y firme tradición democrática, ha logrado mantener su estabilidad política, aunque su base económica se ha visto seriamente afectada por la recesión mundial.

1   Translation

Translate into English the paragraph "La autonomía regional en España".

2 Answer in Spanish:

   (*a*)   ¿Cómo se llama el movimiento que triunfó sobre las fuerzas de Somoza?
   (*b*)   ¿Qué pasó en Nicaragua después del triunfo sandinista?
   (*c*)   ¿Qué otros países han sido afectados por la violencia política?
   (*d*)   ¿Qué fuerzas participan en el conflicto armado?
   (*e*)   ¿Cuál ha sido el resultado de esta violencia?
   (*f*)   ¿Qué tipo de régimen político ha tenido Costa Rica?
   (*g*)   ¿Qué ha pasado con la economía costarricense?

Summary

A   Talking about what you have done

   ¿Dónde ha hecho usted sus estudios de traducción?
   He hecho un curso de un año en el Instituto de Traductores e Intérpretes de Ginebra.

B   Talking about what has happened

   La depreciación de la peseta ha encarecido el valor de los productos a importar.

   En el campo de la exportación los sectores más dinámicos han sido el de material de transporte marítimo, los productos minerales, los sectores tradicionales de calzado y productos textiles.

Grammar

1   The perfect tense

   Haber + past participle

he has ha hemos habéis han	estudi**ado** en Ginebra (**-ar** verbs) le**ído** el anuncio (**-er** verbs) recib**ido** la carta (**-ir** verbs)

2 Other uses of the **past participle**

Dado que cumplo con los requisitos que ustedes exigen, les ruego que me envíen una solicitud e información **detallada** sobre **dicho** puesto.

Le rogamos que nos confirme **por escrito** su asistencia a **dicha** entrevista.

Tengo entendido que antes de la selección final hay una prueba de competencia ¿no?

3 **Estar + present participle** (perfect and imperfect tenses)

He estado trabajando en el Departamento de Traducciones de la Agencia de Prensa UPE.

Mientras **estaba haciendo** la licenciatura en Filología inglesa trabajaba en una Agencia de Traducciones.

4 The neuter article 'lo'

La mayoría de las naciones centroamericanas tienen características similares en **lo** geográfico, **lo** político, **lo** social y **lo** económico.

Unidad 6

QUIERO HACER UNA RECLAMACION

Placing an order, making a complaint and apologizing

Dialogue

Comercial Hispana has received a letter asking them to pay an invoice which has already been settled. Isabel Pérez, a secretary at the company, telephones to make a complaint and to place a new order for stationery.

Empleado	¿Dígame?
Isabel	Buenos días . Llamo de Comercial Hispana para hacer una reclamación.
Empleado	¿De qué se trata?
Isabel	Hemos recibido una carta de ustedes pidiéndonos la liquidación de una factura que pagamos hace más de un mes. He hablado con el encargado del Departamento de Finanzas y me ha dicho que les había enviado un cheque el día 13 de octubre.

Empleado	¿Cuál es el número del pedido?
Isabel	RN45 68 21 de fecha 30 de septiembre.
Empleado	¿Quiere usted esperar un momento? Voy a averiguar lo que ha pasado. (*Coming back*) ¿Oiga?
Isabel	Sí, dígame.
Empleado	Mire, perdone usted la equivocación, pero la encargada había puesto su cheque con otros documentos y lo había olvidado.
Isabel	Está bien. También quiero hacer un pedido de material de oficina que necesitamos urgentemente.
Empleado	¿Qué material necesitan?
Isabel	Queremos quinientos sobres, doscientos lápices, cien gomas, trescientos bolígrafos, cincuenta rollos de papel celo, cien carpetas ...
Empleado	Carpetas no nos quedan. ¿Alguna otra cosa más?
Isabel	Sí, treinta blocs de taquigrafía. Me lo envía esta tarde, por favor.
Empleado	No se preocupe usted. Esta misma tarde se lo hago despachar.

Practice

1 Isabel's boss calls her into the office and asks her whether she has telephoned the stationer's. Answer for her.

(a) ¿Ha llamado usted a la papelería?
(b) ¿Les ha dicho que ya habíamos pagado la factura?
(c) ¿Qué han respondido?
(d) ¿Ha hecho usted el nuevo pedido?
(e) ¿Cuándo lo van a despachar?

2 Translation

You are working for a publishing house. On your desk this morning you find a note from your boss asking you to translate this letter from Mexico.

INSTITUTO DE IDIOMAS MODELO

Calle Emiliano Zapata 104 – Teléfono 352 10 89 – Veracruz – México

Veracruz, 9 de abril de 19 . . .

Stanley Thornes (Publishers) Ltd.
Educa House
Old Station Drive
Cheltenham GL53 0DN
Inglaterra

Muy señores nuestros:

      Hemos recibido su último catálogo de publicaciones y lista de precios y deseamos adquirir los siguientes títulos para nuestra biblioteca, en las cantidades que se indican a continuación:

Título	Cantidad
English Structure Stories by Peter Curran	6
English Idiom Stories by Peter Curran	4
Tests in English for Overseas Students by Maureen Kassem	2
Guide to Correspondence in Spanish by Mary H. Jackson	5

Les rogamos que nos envíen el pedido lo antes posible.

Les saluda muy atentamente.

María Salas
Bibliotecaria

---

3 **Letter-writing**

You have been appointed representative for your company in Bilbao. One of your first duties will be to rent an office and buy all the necessary equipment and furniture. You decide to order some office furniture from a local firm which has been recommended to you. Write a letter asking them to send you some of the items listed below.

Fábrica de Muebles de Oficina Ibarra Hnos. Avenida Panamericana 918 – Teléfono 527 39 86 – Bilbao.

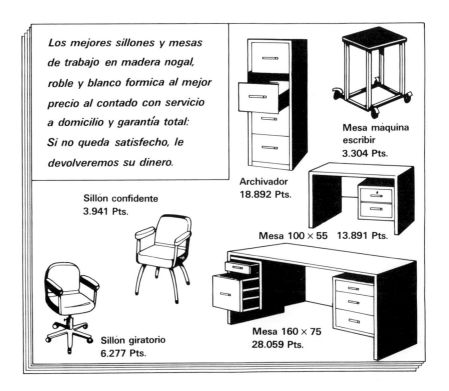

Los mejores sillones y mesas de trabajo en madera nogal, roble y blanco formica al mejor precio al contado con servicio a domicilio y garantía total: Si no queda satisfecho, le devolveremos su dinero.

Mesa máquina escribir
3.304 Pts.

Archivador
18.892 Pts.

Sillón confidente
3.941 Pts.

Mesa 100 × 55   13.891 Pts.

Sillón giratorio
6.277 Pts.

Mesa 160 × 75
28.059 Pts.

4 Get together with another student and make up a conversation based on this situation:

Student A: While on a business trip in a Spanish-speaking country your traveller's cheques are stolen. You go to the local branch of the agency that issued the cheques to report the theft.

Student B: You are an employee at the agency. You ask the customer to show you his passport and to give you his local address and telephone number. Ask also if he has the sales advice and how many cheques he had used and for what value.

Useful words and phrases:

los cheques de viaje	*traveller's cheques*
robar	*to steal*
el robo	*theft*
enseñar (el pasaporte)	*to show*
la nota de venta	*sales advice*

5   Dictation

You are working for a company and you have been asked to send a letter to:

Industrias de Calzado Menorca
Calle San Cristóbal 52
Ciudadela
Menorca
España

It is signed by the managing director of the company, Mr David Jackson. Listen to the text of the letter which will be dictated to you. (It is to be found in the *Teacher's Notes*.)

6   Get together with another student and make up a conversation based on this situation:

Student A: You arrive at a hotel in a Spanish-speaking country and discover that you have been given the wrong type of room. Tell the receptionist that you had made a reservation for a room with a private bathroom and a terrace facing the sea. Instead they have given you a room without a bathroom facing a car park. The hotel had confirmed your reservation in writing and you can't understand what has happened.

Student B: You are the hotel receptionist. Apologise to the customer for the mistake and say that this has never happened before. Tell him that there aren't any other rooms available at the moment, but if he is willing to wait you can give him a very nice room with a large terrace facing the sea in two days' time. The customer accepts your apology and decides to stay.

Useful words and phrases:

Yo había reservado ...	*I had booked ...*
con vista al mar	*facing the sea*
en lugar de eso me han dado ...	*instead, you have given me ...*
por escrito	*in writing*
no entiendo lo que ha pasado	*I can't understand what has happened*
lo siento mucho	*I'm sorry*
nunca había sucedido	*it had never happened*
si usted está dispuesto a esperar	*if you are willing to wait*
dentro de dos días	*within two days*

C

7 Writing

Read this introduction to a letter which begins with an apology:

Estimada señora Ardiles:

      Siento mucho no haber respondido antes a su amable carta, pero hasta ahora me había sido imposible ya que he estado sumamente ocupado . . .

Write three apologies explaining that:
(*a*) You have been ill.
(*b*) You have been out of the country on business.
(*c*) You had not been able to find the address.

8 Ad hoc interpreting

You are helping an English-speaking friend at the reception of a hotel in Mexico. Interpret for him and the receptionist.

Listening comprehension

Listen to these conversations and (*a*) say where each conversation takes place; (*b*) explain each situation briefly in English; (*c*) get together with another student and make up similar dialogues.

Reading comprehension

La puntualidad

A menudo se oye decir que los hispanos no se caracterizan por ser puntuales. En efecto, el concepto de la puntualidad que se tiene en España y Latino-américa permite, particularmente a nivel individual, una flexibilidad que no siempre existe en los países nórdicos. Frente a una invitación o una cita, por ejemplo, normalmente se espera que el invitado o la persona con quien uno ha quedado no llegará a la hora. Cuando los hispanos hablan de puntualidad usan la expresión "hora inglesa". La impuntualidad a menudo alcanza a los medios de transporte. En una ocasión, por ejemplo, un señor extranjero que venía de un país donde la gente suele ser muy puntual, se encontraba en una ciudad latinoamericana. El señor había decidido hacer un poco de turismo y preguntó en su hotel a qué hora salía el autobús que hacía un servicio regular hacia un lugar de mucho interés turístico. La salida era a las 10.00 de la mañana. A las

9.50 el señor estaba sentado en el autobús. Quince minutos más tarde los pasajeros seguían llegando y una hora más tarde el autobús todavía no había salido. El señor, impaciente, preguntó a una pasajera: "A qué hora sale el autobús, señora?", a lo que ella respondió tranquilamente: "El autobús sale cuando se llena, pues".

De compras

El regateo (*bargaining*) es una costumbre todavía corriente en las tiendas y mercados de Latinoamérica, sobre todo fuera de las grandes ciudades. Al habitante de la ciudad, acostumbrado a pagar un precio fijo por cada cosa, el regateo puede resultar embarazoso, pero vale la pena recordar que casi siempre es posible obtener una rebaja, por muy pequeña que sea, sobre todo cuando se trata de artículos tales como ropa, comestibles, productos de artesanía, etc. Es conveniente recordar que en algunos países latinoamericanos existe un impuesto que se agrega y este impuesto no siempre está incluido en el precio. El tendero o dependiente tiene la obligación de darle a usted su recibo.

1   Translation

Translate into English the first part of the passage "La puntualidad" from "A menudo se oye decir ... la expresión 'hora inglesa'".

2   Answer in Spanish:

(*a*)   ¿De dónde venía el extranjero?
(*b*)   ¿Dónde se encontraba?
(*c*)   ¿Qué había decidido hacer?
(*d*)   ¿Qué preguntó en el hotel?
(*e*)   ¿A qué hora salía el autobús?
(*f*)   ¿A qué hora llegó el señor al autobús?
(*g*)   ¿Por qué se impacientó el pasajero?
(*h*)   ¿Qué preguntó?
(*i*)   ¿Qué le respondieron?

3   Summary

Write a brief summary in English of the passage "De compras".

Summary

A   Placing an order

Quiero hacer un pedido (de material de oficina).
Queremos (quinientos sobres).

B Making a complaint
Quiero hacer una reclamación.
Llamo de (Comercial Hispana) para hacer una reclamación.

C Apologizing

Perdone usted (la equivocación).
Siento mucho (no haber respondido antes).
Lo siento mucho.

Grammar

1 The pluperfect indicative

Haber + past participle

había habías había habíamos habíais habían	enviado el cheque (-ar verbs) respondido a la carta (-er verbs) decidido hacer un poco de turismo (-ir verbs)

Comercial Hispana ya **había enviado** el cheque.
Una hora más tarde el autobús todavía no **había salido**.

2 Other uses of the present participle

Hemos recibido una carta de ustedes **pidiéndonos** la liquidación de una factura.
Quince minutos más tarde los pasajeros **seguían llegando**.

3 Lo que

Voy a averiguar **lo que** ha pasado.
El pasajero le preguntó: "¿A qué hora sale el autobús?" a **lo que** ella respondió: "El autobús sale cuando se llena, pues".

4 Hacer + infinitive

Esta misma tarde se lo **hago despachar**.
La señora **hizo cambiar** la sopa.

Unidad 7

SALDREMOS EN AUTOCAR

A **Talking about future plans**

A talk

A group of Spanish people are going on a tour of India. Their guide talks to them about their programme.

Guía Nuestra primera visita será a Nueva Delhi. Desde el aeropuerto nos iremos al hotel y mientras se terminan los trámites de alojamiento saldremos en autocar. Nuestro primer contacto será con el sector nuevo de la ciudad donde visitaremos los más importantes monumentos. En nuestro segundo día veremos el viejo Delhi. Haremos una visita al palacio Fuerte Rojo y a la mezquita de las perlas. También tendremos la oportunidad de conocer algunos de los principales mercados. El tercer día dejaremos Delhi después del desayuno, en autocar con destino a Jaipur, vía Amber. La visita al Palacio, que se encuentra en una colina, la iniciaremos montados en

elefante. Aquí encontraremos el templo de Kali. El almuerzo será en Jaipur, la "Ciudad Rosada de la India". Visitaremos el Observatorio . . .

Practice

1 Say whether the following statements are true or false. Correct false statements.

(a) La primera ciudad que visitarán los turistas será Nueva Delhi.
(b) El primer día visitarán el sector viejo de la ciudad.
(c) El viaje por la ciudad será en autocar.
(d) El segundo día verán el sector nuevo de la ciudad.
(e) Los turistas dejarán Nueva Delhi el segundo día.
(f) Desayunarán en Nueva Delhi.
(g) La visita al Palacio en Jaipur la harán montados a caballo.
(h) Almorzarán en Jaipur.

2 Translation

You are working for a tour operator and have been asked to translate the travel plans outlined by the guide into English in order to hand them to a group of English-speaking tourists.

3 Writing

Read this extract from a letter written by someone who is on holiday in Mexico.

"El primer día visitaré Cuernavaca y luego continuaré a Taxco, donde almorzaré. Por la tarde visitaré Taxco. Cenaré en el hotel. El segundo día desayunaré en el hotel y después continuaré a mi hotel en Acapulco..."

Now write a similar paragraph based on these travel plans.

SAN MIGUEL ALLENDE, GUANAJUATO

DIARIO EXC. DOMINGOS DOBLE $250.00
9.30 a.m. VIERNES SENCILLO $280.00
(Mínimo 2 pasajeros.)
VISITA: 1er DIA. Visita de San Miguel de Allende para continuar a Guanajuato. Cena en el hotel.
2º DIA. Visita de Guanajuato, desayuno y cena incluidos.
3er. DIA. Después del desayuno regreso a la Ciudad de México visitando Querétaro en ruta.

---

4 Letter-writing

On your desk this morning you find the following note from your boss:

> Please write a letter to Mexal S.A. of Avda. Los Insurgentes 603 of Mexico City and tell them that our representative, Mrs Anne Pearson, will travel to Mexico on 18th November. She will be arriving at 20.30 local time on Aeroméxico, flight 921. She'll be staying at Hotel Teotihuacán, Paseo de la Reforma, 43. She will telephone to make an appointment to see Sr. Eduardo Román.

Useful words and phrases:

tenemos el agrado de ...	*we have pleasure in ...*
hora local	*local time*
se alojará	*she will be staying*
concertar una cita con ...	*to make an appointment with ...*

5 Get together with another student and make up a conversation based on this situation:

Student A: You are a Spanish businessman visiting a company in an English-speaking country. On your arrival you are received by an employee who speaks Spanish and who will accompany you during your day's visit. Greet the employee and introduce yourself, saying your name and the name of the company you represent.

Student B: A Spanish businessman is visiting your company and you have been asked to accompany him during his day's visit. After greeting him and offering him some coffee, you will have to explain the day's programme to him in Spanish. Here is what you and the visitor will do in the course of the day:

> 10.00 Visita a las instalaciones de la firma.
> 11.30 Reunión con el director gerente.
> 13.00 Almuerzo en el comedor del personal.
> 14.30 Regreso al hotel.
> 16.00 Salida para el aeropuerto.

(Use the 1st person plural, for example: "A las 11.30 nos reuniremos con ...".)

B Discussing future trends

Interview

This is an interview with an oil expert.

Pregunta   ¿Cree usted que el petróleo seguirá siendo la principal fuente de energía en el futuro?

Respuesta   El petróleo constituye la principal fuente de energía del globo y, en 1980, suministraba el 46 por ciento de toda la energía. Su contribución se mantendrá, probablemente, en el orden del 35–40 por ciento, hasta fines de siglo.

Pregunta   ¿Tendremos que continuar dependiendo del Medio Oriente para satisfacer nuestra demanda?

Respuesta   Hay que tener en cuenta que más de la mitad de las reservas conocidas del planeta están en el Medio Oriente y esta zona continuará siendo el mayor productor del mundo. Pero si no se añaden otras reservas a las ya comprobadas de toda la Tierra, éstas durarán menos de 30 años, al ritmo actual de consumo.

Pregunta   ¿Cree usted que esto llegará a suceder?

Respuesta   No, lo que pasará es que habrá que hacer frente a la demanda de energía mediante la explotación de yacimientos costosos, situados en aguas profundas y lugares cada vez más hostiles. También será necesario utilizar más y más las fuentes no tradicionales de energía. Pero el petróleo todavía será el principal combustible en muchos lugares.

(Shell Briefing Service, Nº3, adapted)

Practice

1 Summary

Write a brief summary in English of the contents of the above interview.

2 Answer in Spanish:

(a) ¿Qué porcentaje de la energía suministraba el petróleo en 1980?

(b) ¿En qué orden se mantendrá su contribución? ¿Hasta cuándo?

(c) ¿Qué porcentaje de las reservas mundiales de petróleo están en el Medio Oriente?

(d) ¿Cuánto durarán las reservas mundiales al ritmo actual de consumo?

(e) ¿Cómo habrá que hacer frente a la demanda?

(f) ¿Qué fuentes de energía será necesario utilizar?

3   Translation

You are a freelance translator and have been asked to translate the following text into English.

El mundo que nos espera

Dentro de veinte años la tierra estará poblada por 6.250 millones de habitantes, un 50 por 100 más que en la actualidad. El crecimiento de la economía y la población trabajadora habrá disminuido sensiblemente y el consumo energético mundial sobrepasará los 14.000 millones de toneladas equivalentes de petróleo. Nuevos estilos de vida se implantarán en las sociedades desarrolladas. Los países del Tercer Mundo, con una población de 4.500 millones en el año 2000, se hallarán cada vez más diversificados y a ellos corresponderá la cuarta parte de la producción industrial mundial. Frente a estas previsiones, cuatro aventuras tecnológicas cambiarán sustancialmente al hombre y su mundo: la electrónica, la biología, la producción de energía y la utilización del espacio y los océanos.

(*Cambio 16*, Nº 422)

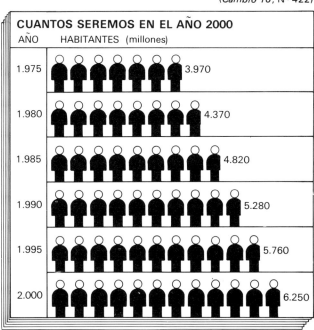

4   Reading

In Spain, as in the rest of Europe, there has been a boom in the sports and leisure industry (*la industria de los deportes y el ocio*) in the last few years. In 1979, Spain's exports in this field reached 1216 million pesetas while its imports amounted to 1248. But will Spain's membership of the Common Market alter this situation? This is what an official from the Spanish

Ministry of Industry and Energy (*Ministerio de Industria y Energía*) has to
say. Read what he says and then complete the table below with information from the text.

> "La desaparición de los aranceles comunitarios facilitará la entrada
> de nuestros productos en la CEE (Comunidad Económica Europea);
> se reducirán y eliminarán los aranceles que gravan la importación
> de materias primas y materiales auxiliares, lo que también incre-
> mentará la competitividad de nuestros productos; y, por último, las
> empresas españolas estarán obligadas a ponerse al día con respecto a
> dimensiones y nivel de productividad. Pero también hay factores
> negativos: Desaparecerán nuestros aranceles y, en consecuencia, la
> protección de que han gozado las industrias de este subsector.
> Entrarán en España productos procedentes del resto de los países
> de Europa que, en muchos casos, competirán con los nuestros a costes
> inferiores. Ello sin considerar que algunas industrias europeas posible-
> mente se instalarán en nuestro país."

(*Actualidad Económica*, Nº1.152)

Factores positivos

Se facilitará . . . .

Se reducirán o eliminarán . . . .

. . . .

Se incrementará . . . .

Las empresas españolas tendrán que . . . .

. . . .

Factores negativos

Desaparecerán nuestros . . . .

Desaparecerá la protección . . . .

. . . .

Entrarán . . . .

. . . .

Estos competirán . . . .

Se instalarán . . . .

5 Ad hoc interpreting

You are acting as an interpreter between an English speaker who works in the tourist industry in his country and an official from the *Dirección General de Turismo* in Spain.

Listening comprehension

This is an interview with a Latin American politician. Summarize briefly in English the answers given by him to the following questions:

(*a*) What do you think of the present economic crisis?
(*b*) What do you think the government should do to solve the crisis?
(*c*) It is said that many of the country's problems stem from bad administration on the part of previous governments. What is your opinion about this?
(*d*) During your political campaign you often spoke of the need for greater austerity. Could you give some concrete examples?

Reading comprehension

El clima en España

España es uno de los países más grandes de Europa. Su extensión es de 504.000 km², lo que incluye el territorio peninsular y dos archipiélagos: las Islas Canarias, frente al antiguo Sahara español en el Africa occidental y las Islas Baleares en el mar Mediterráneo. En un viaje a través del territorio español usted observará la enorme variedad de climas y paisajes. En la Meseta central las temperaturas son extremas, muy bajas durante el invierno, con vientos fríos provenientes de la sierra, algunas lluvias y nevazones en las partes altas. En los meses de verano el clima es seco y muy caluroso.

La sequedad de la Meseta contrasta con el clima húmedo del noroeste, donde llueve frecuentemente tanto en invierno como en verano. En la costa del Mediterráneo y en la parte sur de la Península los inviernos son cortos y las temperaturas moderadas, aunque los veranos pueden ser extremadamente calurosos, especialmente en el interior de Andalucía.

División administrativa española

El territorio español se halla dividido en cincuenta provincias. En la mayoría de los casos el nombre de la provincia coincide con el nombre de la capital. Así, la provincia de Sevilla tiene por capital la ciudad de Sevilla, Valencia tiene por capital Valencia, etc. Las provincias del País Vasco tienen por capitales ciudades con distintos nombres: la capital de Guipúzcoa es San Sebastián; la de Vizcaya es

Bilbao; y la de Alava es Vitoria. La capital del antiguo reino de Navarra, hoy provincia de Navarra, tiene por capital Pamplona. Esta división administrativa no coincide con la división de España en regiones históricas, por ejemplo, León, Aragón, Cataluña, etc. (Navarra es una excepción), ni tampoco coincide con las regiones naturales, tales como la Región Cantábrica, la Meseta Central, la Región Mediterránea, etc. Así, dentro de una misma región histórica uno encontrará varias provincias.

La autoridad máxima en una provincia, por parte del gobierno, es el gobernador provincial. A nivel local, las autoridades máximas son la Diputación Provincial y el Director de la Diputación Provincial.

El desarrollo industrial español

España ocupa hoy en día el décimo lugar en el contexto de las naciones industrializadas del mundo. El desarrollo industrial español ha sido tardío en comparación con el de otras naciones europeas, tales como Gran Bretaña, Francia y Alemania.

El rápido progreso alcanzado en los últimos cuarenta años responde a una serie de factores, entre ellos el desarrollo del turismo, la obtención de créditos externos y la inversión extranjera, que permitieron al país crear nuevos polos de industrialización y ampliar los ya existentes.

Entre los centros industriales más importantes de hoy cabe mencionar Madrid, Barcelona, Bilbao, Valencia y Zaragoza. Varias otras ciudades han alcanzado un grado de industrialización mediano.

1 **Answer in Spanish:**

("El Clima en España")

(a) ¿Cómo es el clima de la Meseta Central?

(b) ¿Es seco o húmedo el clima del noroeste?

(c) ¿Cómo son los inviernos en la costa del Mediterráneo y en el Sur?

(d) ¿Qué región se caracteriza por tener temperaturas muy altas en verano?

("División administrativa española")

(e) ¿En cuántas provincias está dividido el territorio español?

(f) ¿Cuál es la capital de Sevilla? ¿De Valencia? ¿De Navarra?

(g) ¿Cuántas provincias hay en el País Vasco? ¿Cómo se llaman? ¿Cuáles son sus capitales?

(h) Nombre dos regiones históricas.

(i) Nombre dos regiones naturales.

(j) ¿Quién es la autoridad máxima, por parte del gobierno, en una provincia?

2   Translation

Translate into English the passage "El desarrollo industrial español".

Summary

A   Talking about future plans

Desde el aeropuerto nos iremos al hotel.
El primer día visitaré Cuernavaca.

B   Discussing future trends

¿Cree usted que el petróleo seguirá siendo la principal fuente de energía en el futuro?
Su contribución se mantendrá en el orden del 35–40 por ciento.

Grammar

1   The future tense

-ar, -er and -ir verbs have the same endings.

visitar	
visitaré visitarás visitará visitaremos visitaréis visitarán	Cuernavaca a la familia el palacio

2   Irregular verbs (future tense)

saber:	sabré, sabrás, sabrá, sabremos, sabréis, sabrán
caber:	cabré, cabrás, cabrá, cabremos, cabréis, cabrán
haber:	habré, habrás, habrá, habremos, habréis, habrán
poder:	podré, podrás, podrá, podremos, podréis, podrán
venir:	vendré, vendrás, vendrá, vendremos, vendréis, vendrán

poner: pondré, pondrás, pondrá, pondremos, pondréis, pondrán
tener: tendré, tendrás, tendrá, tendremos, tendréis, tendrán
salir: saldré, saldrás, saldrá, saldremos, saldréis, saldrán
hacer: haré, harás, hará, haremos, haréis, harán
decir: diré, dirás, dirá, diremos, diréis, dirán

3 **The future perfect tense**

Haber + past participle

habré habrás habrá habremos habréis habrán	terminado comido salido

El crecimiento de la economía y de la población trabajadora **habrá dis-minuido** sensiblemente.

4 **Expressing probability**

Su contribución se mantendrá, **probablemente**, en el orden del 35–40 por ciento.
Algunas industrias europeas **posiblemente** se instalarán en nuestro país.

5 **Mientras**

Mientras se terminan los trámites de alojamiento saldremos en autocar.
Hablaré con el recepcionista **mientras** tú desayunas.

6 **Verb + preposition**

Depender de: Continuaremos **dependiendo del** Medio Oriente.

Gozar de: Desaparecerá la protección **de** que **han gozado** las industrias.

Competir con: Estos productos **competirán con** los nuestros.

Coincidir con: El nombre de la provincia **coincide con** el nombre de la capital.

Unidad 8

DOBLE A LA IZQUIERDA

A   Asking and giving directions

Dialogue

Study the maps and the conversations which follow.

1   En la Ciudad de México (Junto a la Fuente de Diana Cazadora).

Señorita   ¿Puede decirme dónde está la Calle Liverpool, por favor?

Señor   Sí, mire, baje hasta la Avenida Chapultepec, luego doble a la izquierda y continúe por Chapultepec hasta la Avenida de Los Insurgentes. Allí doble a la izquierda otra vez. La primera calle es la Calle Liverpool.

Señorita   Muchas gracias.

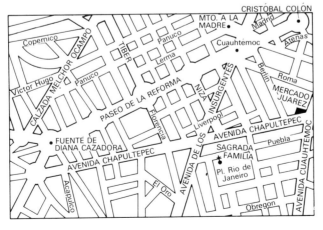

2 En Sevilla

Conductor	¿La carretera para Algeciras?
Transeúnte	Mire, coja usted la carretera de Cádiz, todo recto, luego tome la autopista o la carretera nacional, cruce Jerez y al llegar usted a un cruce, donde hay una des-viación hacia Cádiz, siga usted para adelante. Esa es la carretera para Algeciras.

Conductor	¿Sabe usted a qué distancia está?
Transeúnte	Está más o menos a doscientos kilómetros.
Conductor	Gracias.

Practice

1 Get together with another student and ask and give directions using the map on page 69.

Useful words and phrases:

(seguir/ir)	siga/vaya todo recto	*go straight on*
(doblar)	doble a la derecha/izquierda	*turn right/left*
(cruzar)	cruce (la plaza)	*cross (the square)*
(coger)	coja (esta calle)	*take (this road)*
(subir)	suba por (esta calle)	*go up (this street)*
(bajar)	baje por (esta calle)	*go down (this street)*

2 Letter-writing

A Spanish-speaking person is coming to see you from abroad. Complete the letter opposite, giving precise directions on how to get to your place of work or home from the nearest airport, station or bus stop.

Useful words and phrases:

al llegar a ... tome ...	*when you get to ... take ...*
bájese en ...	*get off at ...*
transborde en ...	*change at ...*

30 de mayo de 19 . .

Estimado señor Riquelme:

En respuesta a su carta de 21 de mayo me es muy grato
enviarle algunas indicaciones sobre cómo llegar hasta nuestra dirección.

. . . .

. . . .

. . . .

3 Get together with another student and make up conversations based on this
situation:

Student A: You are on business in a town and would like to take the
opportunity of doing some sightseeing. One of the employees at the company you are visiting speaks Spanish and you decide to ask him how to get
to the main tourist spots.

Student B: A Spanish speaker is visiting your place of work. He would
like to visit some of the main sights in your town. Give precise directions
on how to get to each place by public transport or on foot (*a pie*).

Useful words and phrases:

el museo	*museum*
la catedral/la iglesia	*cathedral/church*
la galería de arte	*art gallery*
el parque	*park*
la sala de conciertos	*concert hall*
el río	*river*
el puente	*bridge*
el ayuntamiento	*town hall*
la Casa de Gobierno	*Government House*
el palacio	*palace*

4 Writing

Read this note and study the map overleaf.

Para ir de Barcelona a Figueras tome la carretera de Gerona, todo recto,
cruce Gerona y siga por la carretera que va a La Junquera hasta Figueras.

Now look at the map and complete these paragraphs:

(*a*) Para ir de Barcelona a Port-Bou ...

(*b*) Para ir de Port-Bou a Palamós ...

B Giving instructions

Dialogue

Isabel is giving some instructions to the messenger boy.

Isabel	Antonio, venga aquí un momento.
Antonio	Sí, dígame.
Isabel	Mire, vaya usted al banco y deposite estos cheques en la cuenta del señor García. Después pase por Correos y eche estas cartas. La carta para Nueva York envíela certificada. También tráigame treinta sellos de veinte pesetas y

cómpreme trescientas pesetas de papel de Estado. Aquí tiene el dinero.

Antonio ¿Eso es todo?

Isabel Sí, nada más. Y no tarde mucho que quiero enviarle a la papelería.

BANCO DE MADRID

COMPENSACION

EL BANCO DE MADRID abona (s b. f.) en la cta. n.º *47928910*
de *Carlos García Serrano*

el importe total de los talones y cheques detallados a continuación, que, para su compensación, nos entrega
D. *Antonio Ríos*

Por el BANCO DE MADRID

¿DESEA QUE EL BANCO AVISE AL BENEFICIARIO DE ESTA ENTREGA?

NUMERO	BANCO	PESETAS
3692154	Hispanoamericano	51 000 =
4158733	Bilbao	104 530 =
5063013	Madrid	44 010 50

16 de Octubre de 1983   TOTAL ➡ 199 540 50

Firma del que hace la entrega

Certificación de la máquina

ROGAMOS RELLENEN ESTE IMPRESO UTILIZANDO MAQUINA DE ESCRIBIR O BOLIGRAFO

Este documento extendido sin enmienda, sólo será válido con las firmas del Ayudante de Caja y un Apoderado, o la de aquél y autenticación mecánica.

Mod. 10.022

Practice

1 **Answer in Spanish:**

(a) ¿Adónde tiene que ir primero Antonio?
(b) ¿Qúe tiene que depositar?
(c) ¿En qué cuenta?
(d) ¿Adónde debe ir después? ¿Para qué?
(e) ¿Cómo tiene que enviar la carta a Nueva York?
(f) ¿Cuántos sellos tiene que traer? ¿De qué valor?
(g) ¿Qué más tiene que comprar?

2 Get together with another student and make up a conversation based on this situation:

Student A: You are a manager(ess) at a company in a Spanish speaking country. This morning you call your secretary and ask her to telephone Línea Aérea Nacional and book you a single ticket to Frankfurt for tomorrow morning. You also ask her to reserve a table for two at Restaurante Los Gitanos for 9 o'clock; and to take a letter to señor Tanaka at the Hotel Panamericano. She must go to the hotel before 11 o'clock because señor Tanaka is returning to Japan after lunch.

Student B: You are a secretary at a company in a Spanish-speaking country. This morning your boss calls you to give you some instructions.

Useful words and phrases:

llame por teléfono ...	*telephone ...*
reserve ...	*book/reserve ...*
lleve ...	*take ...*
vaya ...	*go ...*

3   At sight translation

You are staying at a hotel in a Spanish-speaking country. In your room you find the following instructions telling you what to do in case of fire. Study the instructions and translate them at sight.

En Caso de Incendio

Si descubre un incendio:

- Comunique rápidamente a RECEPCION la situación del FUEGO.

- Mantenga la calma: no grite ni corra.

- Si se prende su ropa tiéndase en el suelo y ruede. Si hay humo abundante gatee.

- Abandone su habitación, CERRANDO la puerta. La escalera más próxima se halla a 3m a la derecha. Otra salida posible se encuentra a 16m a la derecha.

- No utilice los ascensores.

  SI LAS SALIDAS ESTAN BLOQUEADAS:

- Permanezca en la habitación, colocando ropas húmedas en las ranuras de las puertas.

- Hágase ver por la ventana.

4 Summary

You are an executive working for a multinational company. As part of your job you are often requested to give talks to other members of the staff and to people outside the company. On your desk this morning you find a memo from the Public Relations Manager (*Gerente de Relaciones Públicas*) giving instructions to people who are invited to give talks. Read these instructions carefully and write brief notes in English on each point.

Imagen de la Empresa

"Presentaciones y Charlas"

Cada día es más frecuente que tengamos que dar presentaciones y/o charlas al personal o a terceros. Entregamos en este anexo una serie de datos que creemos podrán ser útiles en estos casos.

(a) *Usted: el charlista*

   (i) Prepare su tema, domínelo.

   (ii) Ensáyelo en voz alta.

   (iii) Midalo en tiempo.

   (iv) Póngase en el papel del receptor que no domina el tema como usted y pregúntese si se explica en forma simple, clara y concisa.

   (v) Comience su exposición presentándose correctamente si procede y luego empiece así:

     "Voy a hablar sobre xxx y estimo que tardaré 10 minutos", con esto prepara y predispone a su auditorio.

(b) *Su equipo audiovisual*

   Si va a utilizar equipo audiovisual:

   (i) Conozca de antemano su equipo y cómo funciona si es que lo va a manejar usted mismo.

   (ii) Pruébelo en las condiciones de luz y espacio donde lo manejará.

   (iii) Tenga repuestos a mano: bombillas, cintas, etc.

   (iv) Recuerde la regla de oro en los equipos: "Si hay algo que pueda fallar, fallará".

   (v) Mida su voz respecto al receptor más alejado que va a tener presente en su charla con el fin de evitar el:

     "¿Pueden oirme allá atrás ...?"

(c) *Ayudas visuales*

Si las va a utilizar, ya sean diapositivas, transparencias, gráficos, pizarras, etc.

(i) Compruebe antes el orden en caso de transparencias y diapositivas, ordénelas y enumérelas, verifique su correcta posición en la máquina.

(ii) Gráficos: Utilice gráficos simples, fáciles de leer, letras grandes. Cuide el uso del color, dosifique la información; es preferible 3 ó 4 gráficos simples en una secuencia a uno sólo lleno de datos, cifras, flechas y colores.

(iii) Al utilizar la pizarra, trate de usar buena letra y cifras legibles; borre lo que no usa con el fin de evitar distracciones.

Buena suerte en su próxima charla y/o presentación.

5 Translation

You are working for an international bank. You have been asked to translate into English the following instructions for operating a cashpoint (*un cajero automático*).

> El cajero funcionará introduciendo su tarjeta personal Caja Abierta y pulsando en el teclado su número secreto. Después elija la operación que desee efectuar. Siga las instrucciones de la pantalla en castellano o en inglés. Como usted desee.
> Y en segundos . . . todo resuelto.
> Además con su tarjeta podrá operar en cualquier cajero del Banco Nacional.
> Sin más trámites.
> Ya ve qué fácil. Y qué completo.

6 Writing

Look at the two ways in which these instructions have been written.

Telex Interno
Evitar los telex: "Juan Pérez para Planta . . ."
Evitemos los telex . . .
Individualizar al receptor: "Juan Pérez para Raúl Gómez".
Individualicemos al receptor . . .

Ordenar racionalmente la consulta o información.
Ordenemos racionalmente ...
No omitir fecha y referencia.
No omitamos fecha y referencia ...
Terminar el telex sólo con un "Gracias".
Terminemos el telex ...

Now rewrite these instructions following the examples in italics above.

Memos Internos
Ser especialmente cuidadosos en la ortografía, puntuación, redacción.

. . . .

No abusar de adjetivos o epítetos.

. . . .

Mantener las comunicaciones escritas: sobrias, claras y cordiales.

. . . .

Listening comprehension

Listen to these instructions given by señor García to Isabel. As you listen, write a shortened version in Spanish of each instruction. Like this:

Instrucción: "Llame por teléfono a Turismo Iberia y resérveme un billete para el primer avión a Londres el lunes 26 por la mañana."
Nota: *"Llamar a Turismo Iberia y reservar billete avión lunes 26 a.m."*

Reading comprehension

Venezuela

Venezuela tiene una superficie de poco más de 900.000 km². Es el país más septentrional de la América del Sur. De norte a sur el país tiene unos 1.300 km y de este a oeste unos 1.500 km. Está rodeado, al norte por el mar Caribe, al este por el Océano Atlántico y Guayana; al sur, Brasil y al oeste, Colombia.

Población

Venezuela cuenta con una población aproximada de 12 millones de habitantes. Cerca del 10 por ciento de la población actual es de origen extranjero. La densidad de población es solamente de 10,6 por km², pero su distribución es muy irregular ya que sólo Caracas tiene 2 millones y medio de habitantes y Maracaibo casi 1 millón.

División política

Venezuela es una república federal democrática formada por un Distrito Federal, 20 estados, 2 territorios federales y 72 islas, dependencias federales.

Economía y recursos naturales

Desde el primer tercio de este siglo, la economía del país se ha venido sustentando principalmente en el petróleo, aunque la actitud del Gobierno se orienta hacia una creciente diversificación de la economía. Principales productos: (minerales) petróleo, gas natural, hierro, oro, carbón, diamantes, aluminio y sal; (agrícolas) plátano, algodón, arroz, cacao, café, frutos cítricos, papas,* tabaco y cebolla.

El clima

Venezuela tiene dos estaciones: la seca o "verano", que normalmente empieza en el mes de octubre y se extiende hasta abril o principios de mayo y la lluviosa o "invierno", que cubre el resto del año.

Por ser un país tropical, Venezuela tiene un clima cálido pero benigno debido a los vientos alisios frescos y secos que soplan del norte durante casi todo el año. Además, sus costas están, felizmente, fuera de la zona de huracanes del Caribe. Para su información vea algunos datos concretos:

La temperatura media anual alcanza estas cifras en grados C:

Caracas	20°
Los Andes	19°
Los Llanos	27°
Zulia	28°
La Selva	24°

La humedad relativa media anual es la siguiente:

Caracas	78%
Los Andes	80%
Los Llanos	76%
La Selva	80%

Hoteles

Usted podrá elegir desde hoteles con lujosas instalaciones, piscinas, playas, golf, tiendas y discotecas, hasta establecimientos de tipo "standard", que generalmente poseen aire acondicionado, teléfono en las habitaciones, ambiente musical, etc.

*papas (Latin American) = patatas

No olvide que la hora límite de salida, si no quiere pagar un día adicional, es a las 3 p.m. Recuerde que en los precios de habitación no hay ningún recargo, mientras que en las comidas normalmente se aplica un 10%.

Todas las ciudades importantes y los lugares turísticos tienen alojamiento para usted, pero haga sus reservas a tiempo para evitar conflictos si se presenta sin previo aviso.

1 Complete this table with information from the paragraphs: "Venezuela", "Población", "División política".

Venezuela

Superficie	. . . .
Población total	. . . .
Población extranjera (%)	. . . .
Densidad de población	. . . .
Población de Caracas	. . . .
Población de Maracaibo	. . . .
Tipo de Gobierno	. . . .
Nº de estados	. . . .

2 **Answer in Spanish:**

(a) ¿Cuál es el principal recurso natural de Venezuela?

(b) ¿Qué desea hacer el Gobierno?

(c) ¿Cómo es el clima en Venezuela entre octubre y abril?

(d) ¿Cómo es el clima el resto del año?

(e) ¿Por qué no es muy caluroso el clima?

3 **Translation**

Translate into English the paragraph "Hoteles".

Summary

A   Asking and giving directions

Baje hasta la Avenida Chapultepec, doble a la izquierda, continúe hasta la Avenida de los Insurgentes.

Coja usted la carretera de Cádiz, tome la autopista o la carretera nacional, cruce Jerez, siga usted para adelante.

B   Giving instructions

Vaya usted al banco, deposite estos cheques, pase por Correos, eche estas cartas, tráigame treinta sellos de veinte pesetas, cómpreme trescientas pesetas de papel de Estado.

Ordenar racionalmente la consulta, no omitir fecha.

Ordenemos racionalmente la consulta, no omitamos fecha.

Grammar

1   Commands (formal)

	Infinitive	Usted	Ustedes	Nosotros
(-ar)	doblar	doble	doblen	doblemos
(-er)	meter	meta	metan	metamos
(-ir)	omitir	omita	omitan	omitamos

2   Those irregular verbs which in the present tense indicative end in -o, form the polite command in the same way.

Infinitive	Present tense indicative	Command
tener	tengo	tenga
poner	pongo	ponga
hacer	hago	haga
venir	vengo	venga
conocer	conozco	conozca
volver	vuelvo	vuelva

3   Irregular command forms (formal)

Infinitive	Present tense indicative			
		Vd.	Vds.	Nosotros
dar	doy	**dé**	**den**	**demos**
estar	estoy	**esté**	**estén**	**estemos**
ir	voy	**vaya**	**vayan**	**vayamos**
ser	soy	**sea**	**sean**	**seamos**

4   **Position of pronouns** with command forms

Positive: Envíe esta carta certificada.
            Envíela certificada.

Negative: No envíe esta carta certificada.
            No **la envíe** certificada.

Positive: **Hágase** ver.
Negative: No **se haga** ver.

5   **Al** + infinitive

Al llegar usted a un cruce, siga para adelante.
Al salir de Correos, me encontré con un amigo.
Al volver a casa, vi a Isabel.

Unidad 9

ESPERO QUE SE MEJORE PRONTO

A **Expressing hope, possibility and giving advice**

Dialogue

Paul Richards is not feeling well and calls a doctor to his hotel room.

Sr. Richards Buenas tardes, doctor.

Doctor Buenas tardes. ¿Qué le pasa?

Sr. Richards No me siento muy bien. Me duele la cabeza y tengo fiebre.

Doctor Tiéndase usted sobre la cama, que voy a hacerle un reconocimiento. Vamos a ver . . . ¿Ha estado usted mucho tiempo al sol?

Sr. Richards Sí, he estado tres horas al sol esta tarde.

Doctor No se preocupe usted. No es nada grave. Es posible que sea un principio de insolación y nada más.

Sr. Richards	¿Qué tengo que hacer doctor?
Doctor	Tome mucho líquido, trate de reposar lo más que pueda y es mejor que no salga hasta que no se sienta mejor. En caso de que siga sintiéndose mal, llámeme. Vendré enseguida.
Sr. Richards	Gracias. ¿Qué le debo, doctor?
Doctor	Son cuatro mil pesetas.
Sr. Richards	Aquí tiene usted. Mil, dos mil, tres mil y cuatro mil pesetas. Muchas gracias.
Doctor	Espero que se mejore pronto. ¡Y tenga cuidado con el sol!

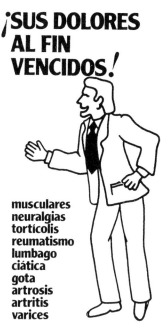

¡SUS DOLORES AL FIN VENCIDOS!

musculares
neuralgias
torticolis
reumatismo
lumbago
ciática
gota
artrosis
artritis
varices

Practice

1   **Answer in Spanish:**

(a)   ¿Cómo se siente el señor Richards?

(b)   ¿Qué le duele?

(c)   ¿Por qué se siente mal?

(d)   ¿Qué cree el doctor que tiene el señor Richards?

(e)   ¿Qué le recomienda el doctor que tome?

(f)   ¿Qué debe tratar de hacer el paciente?

(g)   ¿Qué puede hacer en caso de que siga sintiéndose mal?

(h)   ¿Cuánto son los honorarios del doctor?

(i)   ¿Qué le recomienda el doctor al irse?

2   While on holiday in a Spanish-speaking country you feel unwell and decide to visit a doctor. Study these expressions and then play the patient's role in the conversation below.

me duele el estómago/
tengo dolor de estómago   *I have a stomach ache*
no tengo ganas de comer   *I don't feel like eating*

Paciente	(*Greet the doctor.*)
Doctor	Buenos días. Siéntese usted. ¿Qué le pasa?
Paciente	(*Say you have a stomach ache and you don't feel like eating anything. You haven't felt well at all in the last two days.*)

Doctor	¿Y cuándo exactamente comenzó a sentirse mal?
Paciente	(Say it all started after a dinner at a restaurant with some friends. The stomach ache started soon after the meal.)
Doctor	¿Qué comió usted?
Paciente	(Say you had a seafood cocktail with mayonnaise (cocktail de mariscos con mayonesa) and then you had fried fish (pescado frito) and salad.)
Doctor	Tiéndase usted en la camilla para hacerle un

reconocimiento. (*The doctor examines you.*) Lo que usted tiene es una intoxicación muy leve. Es probable que los mariscos que comió hayan estado en malas condiciones. Esto sucede muy a menudo en verano.

Paciente	(Ask the doctor what you have to do and whether you need to take anything.)
Doctor	No es necesario que tome nada, pero es mejor que tome comidas ligeras hasta que se le pase el dolor de estómago. Coma arroz en blanco y no beba nada de alcohol.
Paciente	(Ask the doctor whether you need to come back.)
Doctor	No, no creo que sea necesario. Pero si no se repone usted, desde luego, vuelva y veremos qué podemos hacer.
Paciente	(Ask the doctor how much you owe him.)
Doctor	Son cuatro mil pesetas.
Paciente	(After you pay, thank him and say goodbye.)

3   Reading

La garganta, víctima del verano

Normalmente empieza como un síntoma más de un enfriamiento. El agua fría de la piscina, los deliciosos helados … La garganta se irrita y duele, al igual que la cabeza. La garganta está infectada y si la infección llega hasta la

laringe, la ronquera será otro de los
síntomas. Si el enfriamiento es considerable, la infección se extiende a
toda la garganta irritándola y dando
lugar a la faringitis. La garganta tiene
un intenso color rojo con algunas
manchas blancas y al enfermo le es
difícil tragar. La fiebre es bastante
frecuente en estos casos.

¿Qué hacer? Generalmente los
síntomas mejoran en pocos días. Para
calmar las molestias, gárgaras. Un vaso
de agua templada en el que se ha
disuelto una cucharada de miel y
jugo de limón pueden hacer milagros.
O bien disuelva en el agua una
cucharilla de sal o dos aspirinas. Los
líquidos calientes, dejar de fumar, hablar poco y en voz baja ayudarán a
que la garganta mejore en pocos días. Si pasados unos días las molestias
persisten, es conveniente que consulte a un médico.   (*Protagonistas*, Nº 79)

Answer in Spanish:

(a) ¿A qué puede deberse la irritación de la garganta?
(b) ¿En qué caso se produce la faringitis?
(c) ¿Qué color tiene la garganta en estos casos?
(d) ¿Qué otro síntoma se puede observar?
(e) ¿Hay fiebre?
(f) ¿Qué es aconsejable hacer para calmar las molestias?
(g) ¿Qué tipo de gárgaras se pueden hacer?
(h) ¿Es aconsejable beber líquidos fríos?
(i) ¿Qué otros consejos se dan?
(j) ¿Qué es conveniente hacer si las molestias persisten?

B Making suggestions and recommendations and specifying requirements

Dialogue

This is a conversation between an employee at an estate agent's (*Agencia Inmobiliaria*) and a businessman who wants to buy an office.

Empleada	¿Qué desea?
Cliente	¿Tienen ustedes despachos en venta?
Empleada	Sí, señor. En este momento tenemos dos o tres. ¿Qué tipo de despacho busca usted?
Cliente	Pues, es imprescindible que sea céntrico.

Empleada   En ese caso le puedo recomendar uno que tenemos en la Calle Gerona, en pleno centro de la ciudad. Es un despacho muy bonito y está totalmente amueblado.

Cliente   ¿Qué medidas tiene?

Empleada   Un momento ... Tiene doscientos metros cuadrados de superficie. Le sugiero que lo vea. Estoy segura que le gustará.

Cliente   ¿En qué planta está?

Empleada   Está en la primera planta. Este despacho tiene teléfonos y aire acondicionado.

Cliente   ¿Y qué precio tiene?

Empleada   Ocho millones de pesetas, con facilidades de pago.

Cliente   ¿Cuáles son las condiciones de pago?

Empleada   Tres millones en plazos de un millón semestral y el resto aplazado a convenir.

Cliente   ¿Cuándo puedo verlo?

Empleada   Cuando usted quiera, pero le sugiero que lo haga lo antes posible. Hay dos o tres personas más que están interesadas.

Cliente   Quisiera verlo ahora mismo, si es posible.

Empleada   Sí, está bien. Un momento que le daré la llave.

Practice

1 Answer in Spanish:

   (*a*) ¿Qué quiere comprar el cliente?

   (*b*) ¿Tienen despachos en venta en la
      Agencia Inmobiliaria?

   (*c*) ¿Qué tipo de despacho busca el
      cliente?

   (*d*) ¿Cómo es el despacho de la Calle
      Gerona?

   (*e*) ¿Qué superficie tiene?

   (*f*) ¿En qué planta está?

   (*g*) ¿Hace falta instalar teléfono en el despacho?

   (*h*) ¿Qué precio tiene el despacho?

   (*i*) ¿Cuáles son las condiciones de pago?

   (*j*) ¿Cuándo puede verlo el cliente?

   (*k*) ¿Qué le recomienda la empleada?

   (*l*) ¿Hay algún otro interesado en el despacho?

   (*m*) ¿Cuándo quiere verlo el cliente?

> **DESPACHO**
> **TOTALMENTE**
> **AMUEBLADO EN VENTA**
>
> Calle Gerona. Centro ciudad,
> Superficie 200 m². Aire acondicionado,
> teléfonos. Primera planta.
> **Precio 8.000.000 ptas.**

2 Ad hoc interpreting

You go to an estate agent with an English-speaking friend who wants to rent an apartment in Fuengirola, Spain. Interpret for him and the estate agent.

3 Get together with another student and make up a conversation based on this situation:

Student A: You have been appointed representative for your company in a Spanish-speaking country and you go to an estate agent to rent an office. Say how long you want the office for, when and where you want it and how large it should be. There is one office that seems suitable. Ask for details such as rent, facilities, etc., and arrange to see it.

> **OFICINA EN**
> **ALQUILER**
>
> Alfonso IV, 43–45.6ª Planta.
> Superficie 60 m². Terraza. Aseos.
> Ascensor, conserje,
> teléfono, puntos de luz.
> Parking opcional.
> **20.000 ptas. mes.**

Student B: You are an estate agent in a Spanish-speaking country. A foreign customer comes in looking for an office to rent. Ask him to specify what sort of office he is looking for, when he wants it and other details such as length of time, location, size, etc. Give him information about one of the offices you have available and arrange for him to see it.

Useful words and phrases:

quisiera alquilar …	*I'd like to rent*
el alquiler	*rent*
es imprescindible que sea (grande, pequeña, etc.)	*It's got to be (big, small, etc.)*
es necesario que esté en el centro, en las afueras, etc.)	*It's got to be (in the centre, in the outskirts, etc.)*

4   Reading

RECOMENDACIONES
JULIO: ¡Cuidado con los ladrones!
No dejes que se acumule en el buzón la correspondencia de un mes. Pide a la portera o a vecinos que recojan tu correspondencia diariamente.

Pídele a la persona que riega tus plantas que abra las ventanas, suba las persianas o encienda las luces.
Avisa a los vecinos de las fechas de tus vacaciones.
Si sales un fin de semana deja encendido un pequeño transistor a pilas.
Comenta tus fechas de vacaciones sólo con personas muy allegadas, familia y vecinos. Evita hacerlo en el supermercado, kiosko, etc., porque no se sabe quién escucha y con qué intenciones.

Es importante que las llaves de tu piso las tenga alguna persona en tu edificio. Un escape de gas, agua, etc., puede hacer necesaria la entrada en tu casa mientras estás de vacaciones. Si no encuentran las llaves, los bomberos son expertos en abrir puertas, pero no es agradable tener que poner una nueva al regreso de vacaciones.

(*Protagonistas*, Nº 79)

Answer in Spanish:

(a) ¿Cómo se puede solucionar el problema de la correspondencia?
(b) ¿Qué se puede pedir a la persona que riega las plantas?
(c) ¿A quiénes se recomienda avisar las fechas de las vacaciones?
(d) ¿Dónde se recomienda no comentar las fechas de las vacaciones? ¿Por qué?
(e) ¿Qué se puede hacer si se sale por un fin de semana?
(f) ¿Por qué es recomendable dejar las llaves del piso con alguna persona en el mismo edificio?

Listening comprehension

This is a broadcast for holiday-makers from a radio station in Madrid. Today's programme gives suggestions to those who would like to spend their holidays in a farmhouse or a camping site. Listen to the programme and then answer the questions which follow:

Answer in English:

1 (a) How far is Balerma from Almería?
(b) How far is it from Berja?
(c) Is it on the coast or inland?
(d) How many people can be accommodated in Balerma?
(e) In how many houses?
(f) Is it expensive to stay in Balerma?
(g) How can you make a reservation or get more information?

2 (a) What type of tent does señora Fernández recommend?
(b) Why does she recommend these tents?
(c) How many people can they accommodate?
(d) What type of tent does she suggest for people who are going to stay in one place?
(e) How many bedrooms do they have?
(f) What else will you need apart from the tent?
(g) What suggestion does she make for those who are camping for the first time?

Reading comprehension

Ahorre energía

La energía resulta una verdadera
sangría para el presupuesto familiar.
Desde la factura de la luz hasta la
gasolina del coche, pasando por el
gasto de calefacción o el gas butano
para ducharse y cocinar. Las siguientes
son algunas recomendaciones para el
consumo de energía:

> Vigile el gasto de sus electro-
> domésticos y la iluminación
> eléctrica. Utilice su lavadora o su
> frigorífico a tope. Regule su
> calefacción o si es central haga que
> la regule el administrador. Bajar la
> temperatura de una habitación de 23
> a 22 grados supone un ahorro auto-
> mático del 3 por 100 del consumo.
> No supere los 20 grados.

AHORRE ENERGÍA EN CASA

		GASTO PTAS./HORA
	Bombilla (100 W.)	0,40
	Televisor (300 W.)	1,21
	Frigorífico (300 W.)	1,21
	Plancha (1.000 W.)	4,05
	Termo (1.000 W.)	4,05
	Lavadora (2.500 W.)	10,12
	Lavavajillas (3.000 W.)	12,15
	Cocina (5.000 W.)	20,25

(*Cambio 16*, Nº 425)

El paro

El paro ha afectado a España, según
las estadísticas oficiales, en mayor
medida que a otras naciones europeas.
En 1981 el paro alcanzaba a más de
dos millones de españoles y este total
aumentaba a razón de mil parados
más cada día.

Los primeros en perder sus puestos
de trabajo fueron los jóvenes y las
mujeres. En ese mismo año de 1981
había un total de 709.300 jóvenes
que buscaban, sin éxito, trabajo por
primera vez. Pero desde hace algún
tiempo el paro viene también
afectando cada vez más a aquéllos
que tienen a su cargo el mantenimiento de una familia. El 26% del paro correspondía en ese año a este tipo de personas.

De acuerdo con las estadísticas oficiales, el 1º de octubre de 1981 el paro
llegaba al 14,75%, de una población activa de 12.886.000.

La emigración

La emigración ha sido un fenómeno más o menos constante en ciertas regiones españolas. A fines del siglo pasado y hasta los años treinta aproximadamente la América Latina vio llegar un número considerable de inmigrantes españoles, particularmente gallegos y canarios.

A partir de los años sesenta, se abrieron nuevas posibilidades en los países industrializados de Europa y la corriente migratoria se volvió hacia países como Francia, Suiza y Alemania. Madrid y Barcelona vieron aumentar su población por la llegada de miles de personas provenientes de las regiones menos desarrolladas del país, en particular de Andalucía, Extremadura, Murcia, etc.

Algunos datos estadísticos nos muestran que en el año 1955 en Cataluña, habitaba el 12.2% de la población española. En 1973 este porcentaje llegó al 15,4%. Por el contrario, a Extremadura correspondía el 4,7% de la población española en 1955, el 3,2 en 1973 y el 2,9 en 1979.

Este proceso de migración hacia Europa o a las regiones más industrializadas de España llegó a su fin en los años de la crisis económica.

La vivienda

Al mejorar el nivel de vida de los españoles ha mejorado también la calidad de la vivienda en general. En el año 1975, por ejemplo, sólo un 14 por 100 de las viviendas no tenían agua, comparado con un 34 por 100 en el año 1968. En este mismo año la mayoría de las viviendas carecían de agua caliente. En 1975 en un 50 por 100 de ellas se usaba agua caliente. Algo similar ha ocurrido con la calefacción. Un 50 por 100 de las viviendas españolas contaba con algún tipo de calefacción en el año 1975.

Más y más españoles son ahora dueños de la casa donde viven y disminuye el número de viviendas alquiladas.

1   Translation

Translate into English the passage "Ahorre energía".

2   Summary

Write a brief summary in English of the two passages "El paro" and "La emigración".

3   Answer in Spanish:

(a)   ¿Qué porcentaje de las viviendas españolas no tenían agua en 1968?
(b)   ¿En 1975?
(c)   ¿Había muchas viviendas con agua caliente en 1968?
(d)   ¿Y en 1975?
(e)   ¿Qué porcentaje de las viviendas utilizaba algún tipo de calefacción en 1975?
(f)   ¿Ha disminuido el número de propietarios en España?

Summary

A   Expressing hope

Espero que se mejore pronto.

Espero que no sea nada grave.

B   Expressing possibility

Es posible que sea un principio de insolación.

Es probable que los mariscos hayan estado en malas condiciones.

C   Giving advice

Trate de reposar lo más que pueda.

Es mejor que no salga.

D   Making suggestions and recommendations

Le sugiero que lo vea.

Le sugiero que lo haga lo antes posible.

Le puedo recomendar uno que tenemos en la Calle Gerona.

E   Specifying requirements

Es imprescindible que sea céntrico.

Es necesario que esté cerca de la playa.

Grammar

1   The present subjunctive

-ar verbs	-er verbs	-ir verbs
tomar	**beber**	**vivir**
tome	beba	viva
tomes	bebas	vivas
tome	beba	viva
tomemos	bebamos	vivamos
toméis	bebáis	viváis
tomen	beban	vivan

Irregular verbs correspond to those of the command forms (Unit 8), for example, ir: **vaya**; estar: **esté**; ser: **sea**; dar: **dé**; saber: **sepa**; conocer: **conozca**; venir: **venga**, etc.

2   Some uses of the present subjunctive in subordinate clauses

(*a*)   After an expression of doubt

> **No creo que sea** necesario.
> **Dudo que pueda** ir.
> *Note*: Creo que **es** necesario.

(*b*)   After verbs which express hope and wish

> **Espero que** usted **se mejore** pronto.
> **Quiero que** ellos **vengan** mañana.

(*c*)   After verbs which express suggestion, recommendation, advice

> **Le sugiero que** lo **vea**.
> **Te recomiendo que** lo **hagas**.
> **Les aconsejo que compren** este apartamento.

(*d*)   After most impersonal expressions of the type: es posible, es mejor, es conveniente, es imprescindible, etc.

> **Es mejor** que no **salga**.
> **Es conveniente que consulte** a un médico.
> **Es imprescindible que sea** céntrico.
> **Es posible que sea** un principio de insolación.

3   The present subjunctive is used after certain conjunctions introducing future or hypothetical actions for example, **en caso de que**, **hasta que**, **cuando**, etc.

> **En caso de que siga** sintiéndose mal, llámeme.
> Es mejor que no salga **hasta que** no **se sienta** mejor.
> **Cuando** usted **quiera**.

4   Familiar commands (positive)

	Infinitive	Tú	Vosotros
(**-ar**)	tomar	toma	tomad
(**-er**)	beber	bebe	bebed
(**-ir**)	subir	sube	subid

> **Toma** líquidos calientes.
> **Bebe** agua templada con miel y limón.

5   Familiar commands (negative)

	Infinitive	tú	vosotros
(-ar)	tomar	no tomes	no toméis
(-er)	beber	no bebas	no bebáis
(-ir)	subir	no subas	no subáis

Comenta tus fechas de vacaciones con tu familia y tus vecinos.
No comentes tus fechas de vacaciones en el supermercado.

6   Irregular affirmative "tú" commands

ser:	**sé**	**Sal** de aquí
hacer:	**haz**	**Ponte** la chaqueta
poner:	**pon**	**Ven** pronto
ponerse:	**ponte**	**Dime** qué pasa
venir:	**ven**	
irse:	**vete**	
salir:	**sal**	
oír:	**oye**	
decir:	**di**	

Unidad 10

QUIERO QUE
ME ENVIE
INFORMACION

A Making offers and requests

Dialogue

Karen Parker is an English speaker. She has asked a Spanish friend in Valencia to telephone a school of languages and ask for information about Spanish for foreigners. This is a conversation between Felipe, her friend, and the school secretary.

Secretaria	Escuela de Idiomas. ¿Dígame?
Felipe	Buenos días. Mire, una amiga mía está interesada en estudiar español y quiero que me envíe información sobre los cursos de verano.
Secretaria	¿Qué nivel le interesa?
Felipe	El nivel intermedio.
Secretaria	De acuerdo. ¿Quiere que le mande información sobre alojamiento también?
Felipe	Sí, por favor.
Secretaria	Pues bien, esta misma tarde le enviaré un folleto informativo y una solicitud de inscripción. ¿A qué nombre se la envío?

Felipe	A nombre de Felipe Zamora.
Secretaria	¿Y a qué dirección?
Felipe	Calle Obispo Plaza 48, de Valencia.
Secretaria	De acuerdo.
Felipe	Adiós. Gracias.

Now study this information sent to Felipe by the school of languages.

CURSO DE VERANO PARA EXTRANJEROS

CURSO DE LENGUA Y CULTURA ESPAÑOLAS

1.a) **CURSO DE INICIACION**

—Para alumnos principiantes que no han alcanzado un dominio elemental de la lengua española.

* **Grupos de 25 alumnos como máximo.**

1. De 9,15 a 11: Clases teórico—prácticas de LENGUA ESPAÑOLA.
2. De 11 a 12: Clases de conversación o práctica en el laboratorio de idiomas.

1.b) **CURSO MEDIO**

—Para alumnos ya iniciados que posean un conocimiento básico del español.

* **Grupos de 25 alumnos como máximo.**

1. De 9,15 a 11: Clases teórico-prácticas de LENGUA ESPAÑOLA.
2. De 11 a 12: Introducción a la CULTURA ESPAÑOLA (Temas fundamentales de **Literatura, Historia, Arte y Geografía de España).**

1.c) **CURSO SUPERIOR**

—Para estudiantes universitarios de Filología Hispánica o Románica (o equivalente) que ya posean conocimientos avanzados del español y pretendan perfeccionarlos a través del estudio científico del idioma.

1. De 9,15 a 11: LENGUA ESPAÑOLA (Gramática, Ampliación del léxico. Niveles socio-lingüísticos. Comentario de textos).
2. De 11 a 12: Cursos monográficos de conferencias sobre:

Literatura española:	10 horas
Historia de España:	5 horas
Arte español:	5 horas

Practice

1 Get together with another student and make up a similar conversation based on the dialogue on pages 95 and 96.

Useful words and phrases:

el nivel elemental	*beginners' level*
el nivel medio	*intermediate level*
el nivel avanzado	*advanced level*
el curso intensivo	*intensive course*
el curso para adultos	*course for adults*
el curso de español comercial	*commercial Spanish course*
el curso de traducción	*translation course*
el curso de interpretación	*interpreting course*

2 Letter-writing

Read this letter:

Chicago, 25 de mayo de 19 . . .

Señor Director
Escuela de Idiomas Modernos
Avda. Benito Juárez, 452
Veracruz, México

Muy señor mío:

      Le ruego que me envíe una solicitud de inscripción para los cursos de español para extranjeros. Además, le agradeceré que me incluya información detallada sobre las fechas, duración, valor de dichos cursos y los requisitos necesarios para ser aceptado.

Le saluda atentamente

Peter Brown

Peter Brown
251 Madison Ave.
Apt. 20
Chicago, Ill.

Write a similar letter asking for information about the course on page 96. Specify the level in which you are interested.

3 Letter-writing

You have received the following information from a school of languages in Spain. Write a letter of application specifying the level in which you are interested.

CURSO ABREVIADO

Se dará especialmente en dos niveles: Elemental y Medio, y los alumnos que en él se inscriban podrán adquirir conocimientos básicos sobre Lengua y Cultura españolas. También se admiten alumnos de Nivel Superior.

**PRINCIPIANTES Y
NIVEL
ELEMENTAL**

Tres horas diarias, de 9 a 12 de la mañana, de Clases prácticas de Lengua española: Conversación y Vocabulario, Pronunciación y Lectura comentada de textos. Dos horas diarias, salvo los sábados, de tertulias o reuniones dirigidas por un profesor, en grupos reducidos de alumnos, para estimular la conversación.

**NIVELES
MEDIO Y SUPERIOR**

Dos horas diarias de Clases prácticas de Lengua española, de 9 a 11, y una lección, también diaria, de 11 a 12, sobre **Gramática** del español moderno y **Literatura contemporánea.** Por las tardes, salvo los sábados, de 4 a 6, lecciones sobre **Arte** e **Historia.**

Plazo de Inscripción: hasta el 2 de septiembre.

UNIVERSIDAD INTERNACIONAL

MENENDEZ PELAYO

Santander

4 Reading

A colleague of yours who is interested in learning Spanish has received the following information from a school of languages in Spain. Read this information and answer his questions.

CURSO INTENSIVO

7 JULIO – 2 AGOSTO (CUATRO SEMANAS)

PRINCIPIANTES Y
NIVEL ELEMENTAL

Tres horas diarias de clases prácticas, de 9 a 12 de la mañana, dedicadas a Fonética, Conversación, prácticas de vocabulario y Lectura comentada de textos. Dos horas diarias por la tarde, de 5 a 7, salvo los sábados, de tertulias o reuniones dirigidas por profesores, destinadas a estimular la conversación de los alumnos. Tanto las clases como las tertulias se ordenarán en grupos reducidos de estudiantes.

INSCRIPCION

Se hace rellenando el BOLETIN DE INSCRIPCION que la Escuela envía a los que lo soliciten. Esta inscripción se hace a título individual y el boletín debe estar firmado por el alumno.

ALOJAMIENTO

La Escuela dispone de alojamiento en sus Residencias en número limitado, a disposición de los alumnos y del profesorado. La concesión de plazas se hace por riguroso orden de petición y en el entendimiento de que los residentes deben asistir regularmente a las clases anunciadas. Es aconsejable solicitar la reserva dos meses, por lo menos, antes del comienzo de cada Curso. El alojamiento (en habitaciones individuales o dobles) incluye la pensión completa (tres comidas).
Para la reserva de alojamiento debe enviarse, en concepto de anticipo, la cantidad de ocho mil pesetas.
La reserva de alojamiento caduca al tercer día del comienzo del Curso, salvo que se notifique la fecha de llegada. El dinero de la reserva no es reintegrable.

Answer in English:

(a) How many classes a day are there?
(b) Are the classes in the morning only?
(c) What time do the classes start and finish?
(d) Are there any classes on Saturday?
(e) Are the groups very large?

(f) How can I register?

(g) Can I get accommodation through the school?

(h) Is it in private homes with families?

(i) Is it necessary to make a reservation in advance?

(j) Are there any single rooms?

(k) Is food included?

(l) Do I have to pay a deposit?

(m) Will the school give me a refund if I cancel my booking?

5 You have received the following application form from a school of languages in Spain. Fill it in with the information requested.

BOLETIN DE INSCRIPCION

1. Apellidos (en mayúsculas)			2. Nombre / Prénom / First name / Vorname	Dos fotografías tamaño carnet
Hombre o mujer	Edad	N.º de pasaporte		
3. Dirección habitual				
4. Ciudad	País		5. Nacionalidad	

6. Solicita inscripción en el curso de: ☐ JULIO 4 al 30   ☐ GENERAL 1 al 27   ☐ FILOLOGIA HISPANICA 1 al 27   ☐ SETIEMBRE 29 - 17

con el fin de (señale los motivos de inscripción en el curso elegido)

7. Estudio y grado del alumno

☐ Conocimientos del español

☐ ninguno

☐ elementales

☐ medios

8. Envía el importe de la inscripción:

☐ por transferencia del Banco ....

☐ por giro internacional desde..

} A Universidad Internacional Menéndez Pelayo

Banco Cantábrico (Grupo B.E.E.) P.º de Pereda, n.º 6 Cta. n.º 100 - SANTANDER

9. Desea plaza en la residencia de la Universidad:

☐ Habitación individual   ☐ Habitación doble
y envía quince mil pesetas para la reserva.

10. Desea plaza en el autobús universitario desde Irún a Santander para el día:

☐ 3 de julio
☐ 31 de julio
☐ 28 de agosto

{ Hora de salida: 9 a.m. (hora española).
Lugar: Plaza de las Estaciones, de Irún.
Peso máximo del equipaje, 40 kilogramos.

El precio de este viaje es de 1.300 ptas., abonándose por los viajeros al tomar el autobús. Quienes reserven plaza y no viajen en el autobús abonarán el importe al llegar a la Universidad.

Fecha ....

(Firma)

B Expressing satisfaction, regret and uncertainty

Dialogue

Paul Richards is having dinner with a Spanish colleague and his wife.

Sr. Richards	La cena estaba buenísima.
Sra. Arata	Me alegro que le haya gustado. ¿Le sirvo un poco más de postre?
Sr. Richards	No, no, muchas gracias.
Sra. Arata	¿Un café, entonces?
Sr. Richards	Sí, eso sí, gracias.
Sra. Arata	Y tú, Juan, ¿quieres un café?
Sr. Arata	Sí, para mí también.
Sra. Arata	Siento que tenga que irse tan pronto de España. Espero que haya disfrutado de su estancia en Madrid.
Sr. Richards	Sí, lo he pasado muy bien. Me he hecho con excelentes amigos aquí.
Sr. Arata	¿Cuándo cree usted que volverá?
Sr. Richards	No estoy seguro. No creo que vuelva hasta el próximo año. Es muy probable que la compañía me envíe por algunos meses a Caracas.
Sra. Arata	¡Qué interesante! Que le vaya muy bien en Sudamérica.
Sr. Arata	Y cuando esté en España no se olvide de llamarnos.
Sr. Richards	Muchas gracias. Son ustedes muy amables.

Practice

1 While on a visit to Mexico you are invited to lunch by a Mexican acquaintance. Complete your side of the conversation:

Conocido	¿Le sirvo otro poco de picadillo?
Usted	(*Yes, please. Say you like picadillo very much.*)
Conocido	Me alegro que le guste. Es mi plato favorito. ¿En su país no comen picadillo?

Usted	(*No, say this is the first time you have tasted it. Mexican food is very different from food in your country. You don't eat chilli (chile) at home.*)
Conocido	Pues, yo conozco un restaurante típico mexicano que es estupendo. Sirven unas enchiladas deliciosas. ¿Qué le parece que vayamos este sábado por la noche? Podemos ir en mi coche.
Usted	(*Thank him and say you are very sorry but you are not sure whether you will be in Mexico City on Saturday night. You are trying to get a ticket to fly home on Friday.*)
Conocido	¡Qué lástima! Espero que tenga un buen viaje y ojalá podamos vernos y salir juntos cuando vuelva a México.
Usted	(*Say you will telephone him when you return to Mexico next year, and you hope he can come to your country one day.*)

2 Get together with another student and make up a conversation based on this situation:

Student A: You have invited a Spanish-speaking acquaintance out for a meal. He is enjoying the food very much and you suggest going out to a traditional restaurant one night. Unfortunately he can't accept the invitation.

Student B: While abroad you are invited out to dinner by an acquaintance. You enjoy the food and the company very much. Your host suggests going out to a traditional restaurant one night. Unfortunately you can't accept as you have to travel on business to another part of the country. Say you will telephone when you come back in a month's time.

3 Letter-writing

You have just returned from a holiday in Mexico where you stayed with a Mexican family. Write a letter thanking them for their hospitality, tell them you enjoyed your stay very much and that you regret you weren't able to stay longer. Say you are not sure when you will be able to come back but that you hope they will come and spend a holiday with you.

Useful words and phrases:

les agradezco mucho . . .   *I'm very grateful/thank you*
la hospitalidad   *hospitality*
he disfrutado mucho de . . .   *I have enjoyed . . . very much*
la estancia   *stay*
no estoy seguro cuándo   *I'm not sure when . . .*
Espero que puedan   *I hope you will be able . . .*

4 Translation

Your company has received the following letter from Peru and you have
been asked to translate it.

IMPORTADORA INCA

Jirón De La Unión 126 — Lima — Perú

Lima, 19 de mayo de 19 . .

Harrison Ltd
Lancaster Place
LONDRES W1
INGLATERRA

Muy señores nuestros:

La presente tiene por objeto agradecer a ustedes el pronto
envío de las mercancías solicitadas en nuestro pedido RN542136 de
fecha 20 de abril. Al mismo tiempo deseamos expresarles nuestra
satisfacción por la calidad de sus productos, los que están teniendo una
excelente aceptación en el mercado local.

Lamentamos que no nos hayan podido enviar la cantidad
solicitada, pero les agradeceremos que nos hagan llegar el resto del
pedido tan pronto como les sea posible.

Les saluda muy atte.

Gonzalo Quilpe

Gerente

Listening comprehension

Listen to these conversations at a department store in Mexico City and answer the following questions in Spanish. Then get together with another student and make up similar conversations.

1   (a)   ¿Por qué quiere comprar un despertador la cliente?
     (b)   ¿Qué despertador le recomienda el empleado?
        ¿Por qué?
     (c)   ¿Cómo funciona?
     (d)   ¿Cuánto cuestan?

2   (a)   ¿Cómo es la chaqueta que quiere ver el cliente?
     (b)   ¿Qué talla quiere?
     (c)   ¿Qué dice la empleada sobre la chaqueta?
     (d)   ¿Cómo le queda la chaqueta al cliente?
     (e)   ¿Cuánto cuesta?
     (f)   ¿Qué tipo de camisas compra el cliente?
     (g)   ¿Cuánto cuestan?
     (h)   ¿Cuántas lleva?

Reading comprehension

La Argentina

Argentina es el octavo país más grande del mundo y el segundo más grande en América del Sur. Su superficie es de 2.807.560 kilómetros cuadrados y tiene una longitud de 3.460 kilómetros de norte a sur. Argentina se encuentra entre el Atlántico y la cordillera de los Andes, que la separa de Chile. Al norte limita con Bolivia, Paraguay y Brasil y al este con Uruguay. Su límite sur es el canal de Beagle.

El clima

El clima de la Argentina es tan variado como su paisaje y va desde el calor subtropical del norte hasta el frío subantártico de la Patagonia. Las pampas en el centro del país tienen un clima agradable. Las tierras de esta última región son fértiles y de ellas deriva la más importante fuente de recursos del país: la agricultura y la ganadería.

Los argentinos

Los argentinos son en su mayoría de origen europeo. Casi la mitad de la población del país vive en la Capital Federal, la ciudad de Buenos Aires. La población total del país es de 25 millones de habitantes.

Inmigrantes

A partir del año 1856 comenzó un período de inmigración europea que sólo se interrumpió brevemente durante la crisis económica de los años 30 y luego durante la segunda guerra mundial. Los inmigrantes continuaron llegando hasta fines de los años 50. El más importante grupo lo constituyeron los italianos, seguidos de los españoles. También hubo entre los inmigrantes, portugueses, alemanes, holandeses, yugoslavos, austríacos, franceses y latinoamericanos.

La economía

El nivel de vida de la Argentina es uno de los más altos de la América Latina. Su principal fuente de recursos continúa siendo la agricultura y la ganadería, las que dan al país alrededor del 80% de sus ingresos en divisas extranjeras.
El país cuenta también con algunas reservas petrolíferas y en la actualidad la producción de petróleo cubre aproximadamente el 85% de sus necesidades.
Aparte de la exportación de productos ganaderos y agrícolas, la Argentina también exporta aceites y grasas animales y vegetales, productos alimenticios, vinos, productos minerales, productos químicos elaborados, cueros, pieles, calzado, papel, textiles, etc.

Cómo llegar a la Argentina

Argentina se encuentra unido por avión a las principales ciudades de América y Europa a través de su propia línea aérea, Aerolíneas Argentinas, o de otras empresas, las que llevarán al viajero desde cualquier continente hasta su destino final en la República Argentina.

Por ferrocarril y por carretera

Desde Chile, cruzando la cordillera de los Andes; desde Bolivia, desde Paraguay o desde Brasil se puede llegar a la Argentina por ferrocarril. La Argentina tiene el sistema de transporte ferroviario más extenso de la América del Sur.
Modernas flotas de autobuses unen a la Argentina con los países limítrofes. El estado de las carreteras es bueno y, aunque las distancias son largas, un viaje por carretera permitirá al viajero admirar la enorme diversidad del paisaje y el contraste en las formas de vida en cada región.

Por vía fluvial y marítima

La Flota Fluvial del Estado Argentino cubre con sus servicios regulares los puertos de Asunción en el Paraguay, Montevideo y Colonia en el Uruguay, con Buenos Aires y si a usted le interesa visitar el país en su propio automóvil, éste podrá ser transportado a bordo hasta su destino, para lo cual deberá tener en cuenta las regulaciones de "INGRESO DE AUTOMOTORES".

Además existen empresas privadas que trasladan pasajeros y automóviles desde Uruguay a la Argentina, complementadas con un excelente servicio de aliscafos y lanchas. En cuanto a la vía marítima, diversos navíos surcan las aguas del Océano Atlántico recalando en diferentes puertos antes de llegar a Buenos Aires.

1   Fill in the table below with information from paragraphs 1, 2 and 3.

La Argentina	
Superficie	....
Longitud de norte a sur	....
Países limítrofes	....
Población del país	....
Capital del país	....
Principal recurso económico	....

2   Summary

Write a brief summary in English of the passages "Inmigrantes" and "La economía".

3   Answer in Spanish:

   (a)   ¿Cómo se llama la línea aérea argentina?
   (b)   ¿Desde qué países se puede llegar a la Argentina por ferrocarril?
   (c)   ¿Cómo son las carreteras hacia los países limítrofes?
   (d)   ¿Cómo se llama el servicio estatal de transporte fluvial?
   (e)   ¿Con qué puertos está conectado Buenos Aires a través del transporte fluvial?

4   Translation

Translate into English the passages "Cómo llegar a la Argentina" and "Por ferrocarril y por carretera".

Summary

A Making offers and requests

¿Quiere que le mande información sobre alojamiento?
Quiero que me envíe información sobre los cursos de verano.

B Expressing satisfaction

Me alegro que le guste.
Me alegro que le haya gustado.

C Expressing regret

Siento que tenga que irse tan pronto.
¡Qué lástima!

D Expressing uncertainty

No estoy seguro.
No creo que vuelva hasta el próximo año.

Grammar

1 The present perfect subjunctive

haber + past participle

haya hayas haya hayamos hayáis hayan	tomado (-ar verbs) bebido (-er verbs) vivido (-ir verbs)	Espero que **haya disfrutado** de su estancia en Madrid. Me alegro que le **haya gustado**.

2 Other uses of the **subjunctive**

(*a*) After verbs which express emotion

Me **alegro que** le **guste**.
Me **alegro que** le **haya gustado**.
Siento que tenga que irse tan pronto.
Lamentamos que no nos **hayan podido** enviar la cantidad solicitada.

(b) After verbs which express offer and request

¿Quiere que le **mande** información sobre alojamiento?
Quiero que me **envíe** información sobre los cursos de verano.
Le ruego que me **envíe** una solicitud de inscripción.
Le agradeceré que me **incluya** información sobre las fechas.

(c) In an indirect command or wish in which the main clause has been omitted

Que pase (Dígale **que pase**).
Que le vaya bien en Sudamérica (Espero **que le vaya bien** en Sudamérica).

(d) After the word **ojalá** to express a wish or hope

Ojalá podamos vernos.
Ojalá vuelva pronto.

3 **Use of the present tense indicative** to make an offer.

¿Le	**sirvo**	otro poco más?
¿Le	**envío**	más información?
¿Te	**paso**	a buscar en mi coche?

Unidad 11

¿CUANTO ME COSTARIA?

Discussing hypothetical situations

Reading

Los horarios en la vida española

La mayor parte de los españoles se pone en camino para el trabajo muy poco después de las ocho. Interrumpe su actividad laboral durante tres horas y vuelve a la oficina, la tienda o la fábrica, para no regresar a casa hasta las siete o las ocho. En las grandes ciudades, cinco días de la semana son cinco días llenos de trabajo y nada más que trabajo.

Desde hace algún tiempo muchas empresas han venido racionalizando sus horarios e implantando una jornada intensiva. Sin embargo, fuera de las grandes ciudades, persiste la vieja costumbre de interrumpir las labores al mediodía. En la entrevista que sigue, una periodista española habla con un industrial sobre la idea de racionalización de los horarios a través de la implantación de la jornada intensiva.

(*Cambio 16*, Nº407, adapted)

Interview

Periodista   ¿Cree usted que el país se beneficiaría si se obligara al comercio y a las empresas a implantar la jornada intensiva de trabajo?

Industrial   Yo creo que si España racionalizara sus horarios – y racionalizar sería concentrar las horas de trabajo – el país cambiaría radicalmente.

Periodista   ¿En qué forma se manifestarían estos cambios?

Industrial   Primeramente, en que los momentos de máximo tránsito se reducirían a dos, lo que facilitaría la circulación del transporte público y de otros vehículos al mediodía.

Periodista   ¿De qué manera influiría esta transformación en las actitudes del trabajador?

Industrial   Si se terminara este constante ir y venir entre la oficina y el hogar, el individuo rendiría más y lograría mayor satisfacción de su trabajo. Además, tendría tiempo para reflexionar y planificar mejor sus horas de ocio. A mi juicio, una modificación de horarios sería, a la larga, revolucionaria y la vida cotidiana cambiaría enteramente.

Practice

1 Answer in Spanish:
  (a) ¿A qué hora sale para el trabajo la mayoría de los españoles?
  (b) ¿Durante cuántas horas interrumpen su trabajo al mediodía?
  (c) ¿Qué han venido haciendo algunas empresas?
  (d) ¿Qué ha sucedido fuera de las grandes ciudades?
  (e) Según el industrial, ¿qué pasaría si España racionalizara sus horarios?
  (f) ¿Qué cambios habría?
  (g) ¿Cambiarían las actitudes de los trabajadores? ¿En qué forma?
  (h) ¿De qué manera beneficiaría al individuo el tener más tiempo libre?
  (i) ¿Qué opinión le merece al industrial este tipo de modificación?

2 Writing

In most of Latin America, as in Spain, people interrupt their work at midday for three or more hours (*jornada partida*). If you had to choose between this system or working continuous hours (*jornada intensiva*), which would you choose? Why? What advantages and disadvantages do you see for the employer or the employee? Write about 100 words expressing your ideas.

Useful words and phrases:

Si yo tuviera (tuviese) que elegir . . .   *If I had to choose . . .*
elegiría   *I would choose*
el patrón   *employer, boss, owner*
el empresario   *manager, executive*
el empleado   *employee*
el obrero   *worker*
tiene la ventaja/desventaja   *it has the advantage/disadvantage*
sería mejor si . . .   *it would be better if . . .*

3 Reading

A group of executives from major European firms were asked to say which
EEC country they would choose if they had to make an investment within
the next two or three years.

Read this analysis of their answers and then answer the questions which
follow.

Alemania y Francia fueron los
países preferidos por los inversores potenciales. En tercer lugar
viene Gran Bretaña, pero muy
por detrás de los anteriores. Y los
demás países de la CEE sólo
fueron elegidos por menos de un
5 por ciento de los encuestados.
Pero las razones de esta elección
no son estrictamente financieras:
la estabilidad política y económica
son los factores más tenidos en
cuenta por los empresarios.
Alemania ofrece toda clase de
garantías en este sentido, como
resaltó un entrevistado: "Una
producción muy buena, buenas

relaciones de la patronal con los sindicatos. Un mercado
potencial muy sólido. La sociedad es bastante liberal y la
situación política es tan estable como puede desearse en estos
tiempos." Francia tiene el gran atractivo de su mercado potencial; su
gran capacidad de producción y consumo ha sido también un rasgo de-
terminante. Los demás países atraen mucho menos a los inversores, y cuando
lo hacen es por razones específicas de cada empresario. En el caso de Gran
Bretaña, la elección se basa en el mercado potencial y los bajos salarios.

(*Actualidad Económica*, Nº 1.151)

Answer in Spanish:

(a) ¿En qué país de la CEE (Comunidad Económica Europea) invertiría la mayoría de los empresarios?

(b) ¿Qué porcentaje invertiría en Alemania?

(c) ¿Qué porcentaje invertiría en Francia?

(d) ¿Qué porcentaje invertiría en Gran Bretaña?

(e) ¿Qué factores tendrían en cuenta los empresarios si tuviesen que hacer una inversión?

(f) ¿Qué garantías específicas ofrecería Alemania a los inversores?

(g) ¿Por qué invertirían en Francia?

(h) ¿Qué ventajas tendría para el empresario el invertir en Gran Bretaña?

Now give your own opinion.

¿En qué país invertiría usted si tuviese el capital necesario para hacer una inversión importante? ¿Por qué invertiría en ese país?

4 At sight translation

The possibility of building a tunnel across the Strait of Gibraltar which would link Spain and Morocco has for long been in the minds of the authorities on both sides of the Strait. Many discussions have taken place but nothing concrete has yet been done. The following article from a Spanish magazine deals with this subject. Translate it at sight.

UN TUNEL FERROVIARIO

En la actualidad, la única fórmula viable desde el punto de vista técnico para comunicar España y Marruecos es el túnel ferroviario subterráneo. Bajo las aguas del Estrecho sólo podrían moverse los trenes. Los problemas de ventilación están sin resolver e impedirían el tráfico de automóviles.

El túnel tendría 47 kilómetros de largo y seguiría el trayecto de menores profundidades entre las dos orillas (Punta Paloma en España y Punta Altares en Marruecos). Sólo 29 kilómetros estarían bajo el mar. Este túnel ferroviario permitiría conectar las redes de ferrocarriles de los dos países.

(*Actualidad Económica*, Nº1.230)

5 1500 people across Spain were asked their opinions about different aspects of their lives, such as work, spare time, family, etc. Look at these results and then answer the questions which follow.

Answer in Spanish:

A (a) ¿Qué es más importante para la mayoría de las personas, tener un trabajo para toda la vida pero con poco sueldo o tener un trabajo con buen sueldo, pero que se pudiera quedar sin él?

	Tener un trabajo para toda la vida, pero con poco sueldo	Tener un trabajo con buen sueldo, pero que se pudiera quedar sin él	N/S
EDAD			
18–24	55	40	5
25–34	59	32	9
35–54	70	19	11
55–64	74	14	13
65 y más	76	10	14
CLASE SOCIAL			
Media alta	65	29	6
Media media	65	27	8
Media baja	69	18	13
Trabajadora	70	17	12
ESTRATO DE POBLACION			
Menos de 5.000	73	15	12
5.000–30.000	68	21	11
30.000–200.000	69	21	10
Más de 200.000	57	26	16
Barcelona	53	43	3
Madrid	71	23	5
SEXO			
Hombre	65	26	9
Mujer	71	18	12
TOTAL	66	22	10

(*Cambio 16*, Nº316)

(b) En cuanto a edad, ¿para qué grupo es más importante tener un trabajo para toda la vida?

(c) ¿Para qué grupo es menos importante?

(d) ¿Para qué clase social es más importante la seguridad en el trabajo?

(e) ¿En qué ciudad de España es menos importante este factor?

(f) ¿Para quiénes tiene más importancia la seguridad en el trabajo? ¿Para los hombres o para las mujeres?

Now give your own opinion.

Si usted tuviera que elegir entre tener un trabajo para toda la vida pero con poco sueldo o tener un trabajo con buen sueldo, pero que se pudiera quedar sin él, ¿qué opción elegiría? ¿Por qué?

B ¿Qué opción escogería la mayoría de las personas: Les gustaría tener más tiempo libre ganando menos dinero o preferirían ganar más dinero, teniendo menos tiempo libre?

SI USTED TUVIERA QUE ELEGIR, ¿CUAL DE ESTAS DOS OPCIONES ESCOGERIA?

Le gustaría tener más tiempo libre ganando menos dinero **41**

Ganar más dinero teniendo menos tiempo libre. **42**

N/S **17**

Now give your own opinion.

Si usted tuviera que elegir entre las dos opciones, ¿cuál elegiría? ¿Por qué?

(*Cambio 16*, Nº316)

6 Read this information from a Spanish bank about loan facilities for energy saving and then answer the questions which follow.

¿QUE ES CREDI ENERGIA?

Credi Energía es una nueva modalidad de crédito ideado por el BANCO DE VIZCAYA para facilitar la instalación en su hogar de placas de energía solar o de sistemas de aislamiento contra el frío y el calor.

Este crédito resuelve en términos muy amplios y eficaces los problemas derivados de la instalación en el hogar de equipos y sistemas tanto de calefacción como de aislamiento.

¿CUAL ES LA MAXIMA CANTIDAD QUE SE PUEDE SOLICITAR?

En el caso de particulares y Comunidades de Vecinos, las cantidades oscilan entre las 100.000–400.000 ptas., si se trata de aislamiento, y de 100.000–500.000 ptas., si se refiere a la instalación de placas de energía solar.

En otro tipo de comunidades — por ejemplo: colegios, hospitales, empresas — esos límites tienen un notable incremento. Así, si se trata de aislamiento, el máximo puede llegar a las 10.000.000 ptas., y 5.000.000 ptas. en el caso de instalación de energía solar.

No obstante, si su problema supera los límites máximos aquí señalados, acuda a cualquier Oficina del BANCO DE VIZCAYA para exponer su caso, con la seguridad de que allí será atendido con el mejor y mayor deseo de resolverlo.

¿QUE PLAZOS HAY PARA AMORTIZAR EL CREDITO?

Se puede elegir el plazo de amortización que resulte más ventajoso, según sea el caso respectivo, eligiendo entre 12 y 36 meses, pero respetando siempre los siguientes plazos fijos:

- 12 meses ⎫
- 18 meses ⎪
- 24 meses ⎬ (para créditos concedidos a particulares)
- 30 meses ⎪
- 36 meses ⎭

Y entre 3 y 5 años para el resto.

Cada una de estas amortizaciones tiene su correspondiente tabla de amortización, pero siempre con estas características:

Cuotas mensuales siempre iguales, durante la amortización. Es decir:

TODOS LOS MESES SE PAGA LA MISMA CANTIDAD.

Answer in Spanish:

(*a*) ¿Cuál es la cantidad máxima que podría solicitar un particular que quisiese aislar su casa?

(*b*) ¿Hasta qué cantidad podría solicitar esta misma persona si tuviese que instalar una placa de energía solar?

(*c*) ¿Cuál es el máximo que el Banco prestaría a una empresa que necesitase instalar un sistema de aislamiento?

(*d*) ¿Cuál es el crédito máximo que podría obtener una empresa que quisiese instalar energía solar?

(*e*) ¿Qué podría hacer usted si el crédito máximo no fuese suficiente?

(*f*) Si usted solicitase un crédito, ¿qué plazo máximo tendría para amortizarlo?

(*g*) ¿Variarían las cantidades de mes a mes?

7 Dialogue

A customer goes into Turismo Iberia and asks for information about travel insurance.

Cliente Buenas tardes. ¿Podría decirme cuánto me costaría un seguro de viajes de treinta días?

Empleado Eso depende del tipo de seguro que usted quiera y del país donde vaya a viajar.

Cliente Bueno, yo voy a Sudamérica en viaje de negocios y preferiría un seguro que cubriese pérdida de equipaje, accidentes y anulación de viaje.

Empleado Pues, en ese caso creo que le convendría sacar un seguro combinado que le saldría por mil cuatrocientas pesetas. Aquí tiene un folleto informativo. Si le interesa rellene usted la solicitud que hay al reverso, me la trae con el dinero o un cheque y yo le daré la póliza.

Cliente Muchas gracias.

Empleado A usted.

Answer in Spanish:

(a) ¿De qué depende el valor del seguro?

(b) ¿Adónde va la cliente?

(c) ¿Qué tipo de seguro preferiría?

(d) ¿Qué tipo de seguro le dice el empleado que le convendría?

(e) ¿Por cuánto dinero le saldría?

(f) ¿Qué tendría que hacer la cliente para obtener la póliza de seguro?

8 Translation

You are working for an insurance company in New York and you have been asked to translate into English the following letter from a South American customer.

COMPAÑIA FRUTERA DEL PACIFICO

Avda. Miramar 1321 — Tel. 527 42 01 — Valparaíso — Chile

Valparaíso, 15 de enero de 19 . .

Floyd Insurance Ltd
452 Bank Street
Nueva York
Estados Unidos

Muy señores nuestros:

Les rogamos que nos informen sobre lo que costaria asegurar contra todo riesgo un cargamento de plátanos, transportado desde Guayaquil, Ecuador, a Valparaíso, Chile, en el barco Lautaro de la Compañia Sudamericana de Transporte Maritimo. El valor de la factura es de $50.000 (dólares).

Les saluda muy atentamente.

Ignacio Campos
Jefe del Departamento de Transporte
COMPAÑIA FRUTERA DEL PACIFICO

---

9 Get together with another student and make up a conversation based on the following situation:

Student A: While in Spain on business you decide to hire a car. You go into a car rental company and ask the person in charge: how much it would cost you to hire a SEAT PANDA on a weekly basis, whether you could leave it at the airport when you return home, how much the insurance would be per week, whether you would have to leave a deposit and how much this would be and whether you could pay with your credit card.

Student B: You are an employee at a car rental firm in Spain. A customer comes in to make inquiries about hiring a SEAT PANDA. Answer the customer's questions by looking at the information below.

Useful words and phrases:

¿Cuánto me costaría?	*How much would (it) cost me?*
Le costaría ...	*It would cost you ...*
¿Podría entregarlo en ...?	*Could I leave it at ...?*
¿Por cuánto me saldría ...?	*How much would it come to ...?*
¿Tendría que dejar ...?	*Would I have to leave ...?*
¿Cuánto sería ...?	*How much would (it) be?*
¿Podría pagar ...?	*Could I pay ...?*

TIPO DE COCHES		DIARIO	SEMANAL
A	SEAT PANDA	2.200	13.200
B	SEAT 127	2.400	14.400
C	RENAULT 5 FORD FIESTA	2.625 ,,	15.750 ,,
D	RITMO	3.450	20.700
E	RENAULT 12	4.190	25.140
F	SEAT SAMBA PANDITA SEAT 131	4.600 ,, ,,	27.600 ,, ,,
G	RENAULT 18	5.500	33.000
SEGUROS: PANDA 550.-ptas. diarias — Demás vehículos 650.-ptas. diarias			

INFORMACION

ENTREGA Y RECOGIDA DE VEHICULOS
Los vehículos que figuran en esta tarifa, pueden ser entregados y recogidos, sin cargo alguno, en el Aeropuerto, Hoteles, Agencias de Viaje, etc.

EDAD DEL CONDUCTOR
Mínimo 23 años de edad y con tres años de experiencia en la posesión del Permiso de Conducir.

SEGUROS
En nuestra tarifa van incluidos los seguros de Responsabilidad Civil, seguro Obligatorio y Responsabilidad Criminal, debiendo el cliente aceptar el seguro de protección contra choque del coche, pagando un suplemento de 550 ptas. por día ó 3.850 ptas. por semana para el grupo A y de 650 ptas. por día ó 4.550 ptas. por semana para los grupos B,C,D,E, F,G.

DEPOSITO
El depósito de garantía mínimo por día será de 9.500 ptas. pudiendo la Compañia cambiarlo en cualquier momento, o bien según criterio de sus Directores.

GASOLINA E IMPUESTOS
Estos suplementos no están incluidos en nuestros precios. El, I.T.E. (4 por ciento), será pagado por el cliente. Los gastos de aceite y engrase son a cargo de la Compañia, si bien podrán pagarse al cliente, previa presentación de comprobantes, en caso de haber utilizado alguno de estos servicios.

TARJETAS DE CREDITO
Se aceptan todas las Tarjetas de Crédito acreditadas internacionalmente.

MULTAS DE TRAFICO Todas la infracciones serán a cargo del cliente.

TARIFAS Se entiende siempre en pesetas.

Listening comprehension

Read the arguments put forward
to an employer by a young aspiring
executive seeking a salary increase,
then listen to this discussion between
the two and write in Spanish the
counter-arguments presented by the
employer.

(a) Su aspiración: Durante dos años no he recibido ni un céntimo más de lo
que correspondía según convenio. Creo que ya es hora de que se me
reconozca mi productividad en el sueldo.

Respuesta de la jefa:. . . . .

. . . .

(b) Su aspiración: Durante los últimos dos años he estado preparándome de
forma intensiva en un sector especial, y desde entonces estoy desempe-
ñando tareas adicionales. ¿No cree usted que es justo que el año próximo
vea justamente remunerado este aumento en mi productividad?

Respuesta de la jefa:. . . . .

. . . .

(c) Su aspiración: Desde hace años, mis colegas ganan más que yo, a pesar de
que no es mayor su producción. ¿No cree usted que se me debería dar el
mismo trato?

Respuesta de la jefa:. . . . .

. . . .

(d) Su aspiración: el año pasado y los dos primeros trimestres de este año he
superado ampliamente mis objectivos de ventas. ¿No cree usted que ya
sería hora de que se me recompensara con un estimulante aumento de
sueldo?

Respuesta de la jefa:. . . . .

(*e*) Su aspiración: Mi departamento ha producido el año pasado unos beneficios inusitados. ¿No cree usted que un aumento de tal categoría en el compromiso con la empresa también precisaría de un fuerte aumento en los ingresos?

Respuesta de la jefa:.......................................

....

(*Actualidad Económica* Nº 1275)

Reading comprehension

El sistema educativo español

Conforme a la ley general de Educación de 1970, el sistema educativo español está dividido en cuatro niveles diferentes que son: la Educación General Básica o EGB, el Bachillerato Unificado y Polivalente o BUP, el Curso de Orientación Universitaria o COU y la educación preescolar que no es ni obligatoria ni gratuita.

Los niños ingresan en EGB a la edad de 6 años y continúan hasta los 14. Este nivel está dividido en dos etapas: una etapa de 5 años de enseñanza global y otra de 3 años de enseñanza diversificada.

El BUP, que dura 3 años, se puede realizar en Centros de BUP, llamados comúnmente Institutos, o en Centros de Formación Profesional. Este nivel corresponde a lo que en otros países se conoce como enseñanza media o secundaria.

Una vez terminado el BUP, el alumno puede hacer el COU, (un año), que junto con un examen de ingreso, le permitirá entrar en la universidad. Las materias que el alumno haga en el COU dependerán de la carrera universitaria que piense seguir.

Los estudios universitarios varían en duración según el grado de especialización y la Facultad en la que se ingresa.

La enseñanza es gratuita en las escuelas estatales y en los institutos nacionales, aunque a nivel de BUP y COU existe un gran número de colegios de pago.

E

La Constitución de 1978 y el régimen político español

La Constitución de 1978 responde a las
aspiraciones de cambio de la gran mayoría
de los españoles. La nueva Constitución
define al Estado español como "un Estado
social y democrático de Derecho". La
soberanía nacional reside en el pueblo y la
forma política del estado es la Monarquía
parlamentaria. Junto con su carácter
pluralista, reconoce y salvaguarda las libertades y derechos de los individuos y deter-
mina sus obligaciones en los más diversos
aspectos de la vida política, económica y
social de la nación.

El rey ostenta la jefatura del estado. El Poder Ejecutivo reside en el Gobierno
constituido por integrantes del partido mayoritario, elegido a través del sistema
proporcional. Al frente del Poder Ejecutivo está el Presidente del gobierno y sus
ministros.
El Poder Legislativo descansa en las Cortes Generales, que están formadas por
una Cámara Baja o Congreso de los Diputados y una Cámara Alta o Senado. La
Cámara Baja está constituida por 350 diputados y la Cámara Alta por 205
senadores.

Los partidos políticos

Menos de un año después de la muerte
de Franco se inició en España la
legalización de los partidos políticos
y en el año 1977 tuvieron lugar las
primeras elecciones democráticas en
cuarenta y un años. En ellas triunfó la
Unión de Centro Democrático, seguida
de cerca por el Partido Socialista
Obrero Español. La tendencia
moderada de la votación se refleja en
el escaso número de votos obtenidos

por los partidos de extrema derecha y de extrema izquierda.
Cinco años más tarde, en octubre de 1982, las elecciones generales dieron el
triunfo al Partido Socialista Obrero Español (46,07%) seguido de Alianza
Popular (25,35%) y de Unión de Centro Democrático.

La Prensa

Uno de los resultados más evidentes en
el proceso de transición democrática
que empezó a vivir España luego de la
muerte de Franco, fue la liberalización
de los medios de comunicación de
masas y la aparición de un gran
número de nuevas publicaciones.
Entre los periódicos aparecidos en el
período postfranquista el de mayor
prestigio y circulación es El País,
publicado por primera vez en el año

1976. Junto con El País han aparecido una serie de diarios y revistas de carácter
general y especializado. Cambio 16 es una de las revistas de interés general que
han logrado consolidarse en esta etapa de profusión editorial.

1   Answer in Spanish:

("El sistema educativo español")

(*a*)   ¿Cuántos niveles hay en el sistema educativo español?
(*b*)   ¿Cómo se llama el primer nivel y cuántos años dura?
(*c*)   ¿En cuántas etapas está dividida EGB y cuánto dura cada etapa?
(*d*)   ¿Cuántos años dura la enseñanza secundaria o BUP?
(*e*)   ¿Qué estudios puede hacer el alumno después del BUP?
(*f*)   ¿De qué depende la duración de los estudios universitarios?

("La Constitución de 1978 y el régimen político español")

(*a*)   ¿Cómo define al Estado español la Constitución de 1978?
(*b*)   ¿Cuál es la forma política del Estado español?
(*c*)   ¿Quién ostenta la jefatura del Estado?
(*d*)   ¿Quién está al frente del Poder Ejecutivo?
(*e*)   ¿Cómo están constituidas las Cortes Generales?
(*f*)   ¿Cuántos diputados y senadores hay?

("Los partidos políticos")

(*a*)   ¿Qué ocurrió después de la muerte de Franco?
(*b*)   ¿Qué ocurrió en 1977?
(*c*)   ¿Qué partido político triunfó en las primeras elecciones?
(*d*)   ¿Qué partido político triunfó en las elecciones de octubre de 1982?

2   Translation

Translate into English the passage "La Prensa".

Summary

Discussing hypothetical situations

¿Cree usted que el país se beneficiaría si se obligara al comercio y a las industrias a implantar la jornada intensiva de trabajo?
Yo creo que si España racionalizara sus horarios el país cambiaría radicalmente.

El túnel tendría 47 kilómetros de largo. Sólo 29 kilómetros estarían bajo el mar. Este túnel permitiría conectar las redes de ferrocarriles de los dos países.

Grammar

1   The conditional tense

-ar, -er, and -ir verbs have the same endings.

cambiar
cambiaría
cambiarías
cambiaría
cambiaríamos
cambiaríais
cambiarían

El país **cambiaría** radicalmente.
Una modificación de los horarios **sería** revolucionaria.
Este túnel **permitiría** conectar a los dos países.

2   Irregular conditional forms

poder:	**podría**	caber:	**cabría**
venir:	**vendría**	saber:	**sabría**
poner:	**pondría**	haber:	**habría**
tener:	**tendría**	hacer:	**haría**
salir:	**saldría**	decir:	**diría**

El individuo **tendría** más tiempo para reflexionar.
¿Hasta qué cantidad **podría** solicitar?
Un seguro combinado le **saldría** por mil cuatrocientas pesetas.
(Nosotros) **tendríamos** que salir hoy.
(Ellos) **tendrían** que estar aquí a las seis.

3   Other uses of the **conditional**

For politeness: **¿Podría decirme** cuánto me costaría un seguro de viajes?

Likes: **¿Les gustaría** tener más tiempo libre?

Preferences: **Preferiría** un seguro que cubriese pérdida de equipaje.

4   **The imperfect subjunctive**

The imperfect subjunctive has two alternative endings **-ra** *or* **-se**.

-ar verbs

terminar	
terminara	terminase
terminaras	terminases
terminara	terminase
termináramos	terminásemos
terminarais	terminaseis
terminaran	terminasen

Hypothetical situations:

Si se **terminara** este ir y venir, el individuo rendiría más.

Si se **implantara** la jornada intensiva el país cambiaría.

-er and **-ir** verbs have similar endings.

volver	
volviera	volviese
volvieras	volvieses
volviera	volviese
volviéramos	volviésemos
volvierais	volvieseis
volvieran	volviesen

Hypothetical situations:
Si yo **volviese** temprano te llamaría.
Si le **escribiésemos** creo que nos respondería.

The imperfect subjunctive may be formed from the 3rd person plural of the preterite indicative.

Infinitive	Preterite	Imperfect subjunctive
escribir	escrib**ieron**	escrib**iera**
beber	beb**ieron**	beb**iera**
tomar	tom**aron**	tom**ara**
tener	tuv**ieron**	tuv**iera**
decir	dij**eron**	dij**era**
poder	pud**ieron**	pud**iera**
hacer	hic**ieron**	hic**iera**
saber	sup**ieron**	sup**iera**

5 Other uses of the **imperfect subjunctive**

Like the present subjunctive, the imperfect subjunctive is used after impersonal expressions not stating a fact, after an expression of emotion, doubt, probability, a command to another person, etc. This tense replaces the present subjunctive when the main verb is in a tense other than the present, the future or the present perfect.

Ella quería que **fuéramos** a España.
Yo esperaba que tú **volvieras** pronto.
Dudábamos que ellos **estuvieran** allí.
Les dije que **vinieran**.
Nos gustaría que nos **escribiera**.
Me habían dicho que no **entrara**.

6 Si...

Si se **implanta** la jornada intensiva el país **cambiará**.
Si se **implantara** la jornada intensiva el país **cambiaría**.

Si **puedo iré**.
Si **pudiera iría**.

Unidad 12

SI ME HUBIESEN INFORMADO

A Expressing conditions contrary to fact

Oral report

Marta Paredes works for an international company based in Spain. She has just returned from South America where she visited the offices in Mexico City, Caracas, Rio de Janeiro and Buenos Aires. Unfortunately, in Caracas, things went wrong. In the course of a meeting, señora Paredes refers to what happened during her visit to Caracas.

"Bueno... como algunos de ustedes ya sabrán, desgraciadamente mi estancia en Caracas no fue muy provechosa y me gustaría dejar bien en claro que aquí ha habido negligencia por parte de uno de nuestros empleados. La compañía en Caracas había sugerido a nuestra oficina central que yo postergara mi viaje, ya que en la fecha programada el personal estaría de vacaciones debido a las fiestas de Carnaval que se celebran en todo el país. Pues bien, esta comunicación no me fue entregada y yo salí de México para Caracas de acuerdo a mis planes. Al llegar al aeropuerto de Maiquetía me encontré con que no había nadie esperándome.

Llamé por teléfono a la compañía pero no obtuve respuesta. Como tampoco había un hotel reservado para mí tuve que buscar alojamiento yo misma, lo que resultó bastante difícil, pues debido a las fiestas de Carnaval la mayoría de los hoteles estaban completos.

Sólo al día siguiente pude ponerme en contacto con uno de los jefes de la compañía, quien naturalmente se encontraba en casa haciendo uso de sus vacaciones. Si me hubiesen informado en el momento oportuno sobre la situación en Caracas, yo habría postergado mi viaje a esa ciudad para otra fecha y no habría tenido que pasar las molestias que pasé. Tampoco habría perdido tiempo buscando alojamiento y tratando de comunicarme con el personal de la compañía en sus propias casas. Creo que es importante que esto no vuelva a suceder y así se facilitarán las visitas a nuestras filiales y se evitarán muchos contratiempos innecesarios."

Practice

1   Answer in Spanish:

(a) ¿Qué había sugerido la compañía en Caracas?
(b) ¿Por qué había hecho esa sugerencia?
(c) ¿Qué pasó con la comunicación?
(d) ¿Adónde viajó la señora Paredes desde México?
(e) ¿Qué pasó al llegar al aeropuerto de Maiquetía?
(f) ¿Qué decidió hacer la señora Paredes?
(g) ¿Qué dificultades tuvo con respecto al alojamiento?
(h) ¿Con quién se puso en contacto al día siguiente?
(i) ¿Qué habría hecho ella si le hubiesen informado sobre la situación en Caracas?
(j) ¿Qué tipo de molestias se habría evitado?
(k) ¿Por qué cree ella que es importante que esto no vuelva a suceder?

2   You have just arrived in Caracas on business and find that no one is waiting for you at the airport. You decide to take a taxi and book a room at one of the main hotels in the capital. Complete your side of this conversation with the hotel receptionist.

Recepcionista   Buenas tardes. ¿En qué puedo servirle?

Usted   (*Say you have just arrived from abroad and are looking for a room. Ask if he has any.*)

Recepcionista   Desgraciadamente no tenemos ninguna. En época de carnaval es muy difícil encontrar alojamiento. Si usted nos hubiese escrito o llamado por teléfono con antelación le hubiéramos reservado una.

Usted	(*Ask him if he can suggest another hotel.*)
Recepcionista	Le sugiero que vaya al Hotel Las Américas. Puede que ellos tengan alguna.
Usted	(*Ask him if you can telephone Hotel Las Américas from here. You don't want to waste your time, in case they don't have any rooms.*)
Recepcionista	Sí, sí. Allí al lado de los ascensores hay un teléfono.

3 A telephone conversation

Get together with another student and make up a conversation based on this situation:

Student A: You are visiting a company in a Spanish-speaking country. You receive a telephone call from an acquaintance inviting you to go out for lunch the next day. Thank him and say you have already accepted an invitation for lunch from the general manager of the company you are visiting. Say that if he had told you before you would have accepted gladly. He suggests another date to which you agree.

Student B: A business person from abroad is visiting your country. You know this person and decide to telephone the hotel and invite him out for lunch. Unfortunately, the day you suggest is not convenient as he has other commitments. Suggest another day and make arrangements to meet.

Useful words and phrases:

Quisiera invitarlo (la) ...	*I would like to invite you ...*
Si me hubiese dicho antes ...	*If you had told me before ...*
habría aceptado con mucho gusto	*I would have accepted gladly*

4 Writing

Siderúrgica Bilbao S.A. was expecting a government subsidy to be able to continue operating normally. Unfortunately, this was rejected and it will be necessary to resort to closures and redundancies as well as other economies.

Here is a list of some of the actions which could have been avoided if the subsidy had been granted.

Cerrar la planta de San Sebastián.
Despedir al personal.
Reducir el personal en la planta de Bilbao.
Racionalizar los gastos de oficinas y servicios.
Suprimir bonos y otros beneficios para el personal.

Now complete this text using the information above.

"Si el gobierno nos hubiese concedido la subvención no . *hubiéramos cerrado* la planta de San Sebastián,

no . . . . al personal,

no . . . . el personal en la planta de Bilbao,

no . . . . los gastos de oficinas y servicios,

no . . . . bonos y otros servicios para el personal."

5 Writing

Look at this information. It tells you what could have happened to the prices of agricultural products if Spain had joined the EEC in 1976.

SI...	PARA	BAJA	PARA	SUBE
	Remolacha	38%	Cebada	3%
	Maíz	21%	Uva de mesa	16%
	Carne vaca	18%	Naranjas	40%
	Leche	14%	Melocotones	43%
... España hubiera sido miembro	Trigo	6%	Vino blanco	61%
de la CEE en 1976. sus precios	Arroz	4%	Vino tinto	71%
agrarios habrían sido:			Manzanas	76%
			Limones	83%

(*Actualidad Económica*, Nº 1068)

Now using the information in the table above write sentences like these:

(Si España hubiera sido miembro de la CEE en 1976) el precio de la carne de vaca habría bajado en un 18%, el precio de las manzanas habría subido en un 76%.

Continue:
(a) El precio del trigo . . . (disminuir en . . .)
(b) El precio de las naranjas . . . (aumentar en . . .)
(c) El precio de los limones . . . (tener un alza de . . .)
(d) El precio de la leche . . . (bajar . . .)
(e) El precio del aceite de oliva . . . (subir . . .)
(f) El precio del arroz . . . (tener una baja de . . .)

B Expressing agreement and disagreement

Interview

En junio de 1981 había en España 957.000 jóvenes entre dieciséis y veinticuatro años parados, lo que supone más de la mitad de todos los parados. Casi el 90 por ciento no han tenido nunca un trabajo y el 10 por 100 restante sólo ha conseguido alguna tarea esporádica y sin apenas continuidad. Una periodista habla sobre el paro juvenil con el jefe de personal de una importante empresa del ramo de la exportación.   (*Cambio 16*, Nº 522, adapted)

Pregunta   ¿No cree usted que si las empresas hubiesen hecho un esfuerzo conjunto habría sido posible crear un mayor número de puestos de trabajo para los jóvenes?

Respuesta   No, no, en eso no estoy de acuerdo con usted. Dada la actual situación económica del país, y concretamente la de nuestra empresa, no nos habríamos podido permitir el lujo de contratar a jóvenes que buscan su primer empleo. Habríamos tenido que enseñarles y nosotros lo  que queremos es que nos rindan desde el primer momento. Por eso, cuando necesitamos cubrir un puesto de trabajo, pedimos gente que conozca el oficio.

Pregunta   A menudo se oye decir que existe un divorcio entre el sistema educativo y el mercado de trabajo. ¿Está de acuerdo usted con esta afirmación?

Respuesta   Bueno, sí, yo estoy totalmente de acuerdo en que habría que modificar el actual sistema educativo para ir adecuándolo al mercado de trabajo, rompiendo este actual divorcio entre la escuela y la empresa. Si las autoridades educacionales hubieran previsto la situación actual, hoy no tendríamos cien mil titulados universitarios en paro como tenemos ahora.

Practice

1 Answer in Spanish:

(a) ¿Cuántos jóvenes parados había en España en junio de 1981?
(b) ¿Qué edad tenían esos jóvenes?
(c) ¿Qué porcentaje del total de parados representaban?
(d) ¿Qué porcentaje no había trabajado nunca?

2 Summary

Summarize briefly in English the opinions given by the Spanish executive on youth unemployment.

3 Ad hoc interpreting

A Spanish government official visiting your country is interviewed by an English-speaking journalist. Interpret between the two.

4 Sustained speaking

Look at the following statements and say whether you agree or disagree with each of them and why. Add also other ideas of your own.

El joven de los años 80

(a) Deberá saber idiomas.
(b) El joven deberá complementar sus estudios con la práctica.
(c) Deberá tener una cultura general amplia y buena.
(d) Tendrá que viajar con cierta frecuencia fuera de su país y estar dispuesto a trabajar en otra ciudad que no sea la de su residencia habitual.
(e) Deberá estar dispuesto a trabajar en equipo, para lo cual tendrá que ser comunicativo y extrovertido.
(f) Tendrá que vestir bien, usar más la corbata y no llevar barba.

(*Cambio 16*, Nº 522, adapted)

Useful words and phrases:

(No) estoy de acuerdo con ...   *I (dis)agree with ...*
Yo discrepo de esta opinión   *I disagree with this opinion*
Yo estaría de acuerdo en que ...   *I would agree that ...*

Listening comprehension

Luisa Martínez, a leading member of the Mexican Tourist Board, is interviewed by a journalist. Listen to the interview and then answer the following questions in English:

(a) How does señora Martínez see the future of the Mexican tourist industry?
(b) Does she think that the Mexican Government has done enough for the tourist industry?
(c) What percentage of public expenditure goes to this sector?
(d) Does señora Martínez think the present budget is adequate?
(e) What is needed, according to her, to develop tourism further?
(f) How important is the hotel trade in Mexico?
(g) Are Mexican investors interested in the future of the tourist industry?

Reading comprehension

Una leyenda incaica

Cuenta una leyenda que en tiempos muy remotos emergieron del cerro Tamputoco en el Perú cuatro hermanos llamados Cachi, Uchu, Manco y Auca. Los cuatro hermanos, que estaban acompañados de sus respectivas esposas, iniciaron un largo viaje buscando tierras fértiles donde establecerse. A su paso se encontraron con tribus hostiles a las que fueron sometiendo, pero luego la ambición hizo que los hermanos disputaran entre sí y, por ello, uno a uno se fueron convirtiendo en piedra. De los cuatro hermanos y sus mujeres sólo quedaron Manco y su esposa Mama Ocllo, quienes después de someter a los habitantes del Cuzco, se establecieron allí, dando así origen al Imperio de los incas.

Fiestas religiosas

La religión juega un papel muy importante tanto en España como en la América Latina y muchas de las fiestas y festivales tienen origen religioso. Tradicionalmente, las personas celebran el día de su santo. Así, el día de San Juan todos aquéllos llamados Juan celebran aquel día invitando a amigos a cenar o a beber una copa.
La Navidad es la fiesta religiosa más importante del año. En España, por ejemplo, al acercarse la Navidad se cantan villancicos en las calles y en las iglesias y los tradicionales árboles de Navidad y los pesebres adornan las plazas de pueblos y ciudades.

La Iglesia Católica

La década de los 70 ha visto cambiar el papel tradicional de una de las instituciones más importantes en el mundo de habla hispana: la Iglesia Católica.

En España, la Constitución de 1978 estableció la separación de iglesia y estado y a la vez abrió el camino para la legalización, en 1981, del divorcio, una de las leyes más controvertidas de la época postfranquista. La Iglesia Católica, como institución, sigue ejerciendo una enorme influencia en muchos aspectos de la vida de los españoles. En 1981, por ejemplo, casi el 95% de todos los matrimonios tuvieron lugar en la Iglesia. Sin embargo, según una encuesta auspiciada por la Iglesia misma, menos del 40% de los españoles se considera católico practicante y más del 10% se declaró no creyente. La asistencia a misa los domingos ha disminuido considerablemente, llegando apenas al 35% en toda España y al 20% en Madrid y Barcelona.

Dentro de la Iglesia misma se observan diversas corrientes que van desde las más conservadoras hasta las más liberales. Esta división es aun más evidente en la América Latina, donde la Iglesia Católica ha dejado de ser un mero observador del acontecer político y se ha manifestado abiertamente frente a los conflictos de poder que viven muchas de las naciones latinoamericanas.

El español de España y el de América

Tal como sucede con el inglés de Inglaterra y el de los Estados Unidos, existen marcadas diferencias entre el español hablado en España y el que se habla en Hispanoamérica. Algunas de estas diferencias afectan a la pronunciación, otras a la gramática y al vocabulario.

Las principales diferencias fonéticas están dentro de las consonantes. Así, el sonido español 'z', tal como lo encontramos en las palabras *diez, zapato*, no existe en Hispanoamérica. En su lugar encontramos el sonido 's'.

Otra variación corresponde a la pronunciación de la 'll', *llover, sello*, por ejemplo, cuya pronunciación en Hispanoamérica es igual a la de 'y' en *mayo*. En la Argentina la pronunciación de 'll' y 'y' es similar al sonido inicial de la palabra *John* o el sonido intermedio en *pleasure*.

En algunos países de la América Latina, como Argentina y Chile, y también en el sur de España, la 's' final de una palabra, por ejemplo en *dos, españoles,* se sustituye por una 'h' aspirada. Lo mismo ocurre ante consonante, *hasta, desde*.

Una de las diferencias gramaticales más importantes es la no utilización en Hispanoamérica del pronombre personal *vosotros* y de las formas verbales correspondientes. En lugar de *vosotros* se emplea *ustedes* sin que se distinga entre familiaridad o formalidad. Tampoco se usa el posesivo *vuestro*, el que ha sido sustituido por los posesivos *su* y *suyo* (o *de ustedes*).

En Hispanoamérica se prefiere usar el Pretérito de Indefinido, por ejemplo, *trabajé, hablé*, en contextos en los que un español utilizaría el Perfecto, *he trabajado*, *he hablado*. Asimismo existe predilección por el uso de *voy a +* *infinitivo*: *voy a viajar*, *vamos a volver*, en lugar del futuro: *viajaré*, *volveremos*. Pero las mayores diferencias entre el español de España y el de América caen dentro del dominio del léxico o vocabulario, particularmente al tratarse de términos que se refieren a la flora, fauna y productos típicos de cada región.

Al español de España se han incorporado muchísimas palabras originarias de América, tales como *tomate*, *maíz*, *patata*, *chocolate*, *cacao*.

Las diferencias de vocabulario entre las dos regiones son innumerables, especialmente a nivel coloquial. He aquí algunas de ellas:

LATINOAMERICA	ESPAÑA	INGLES
angosto	estrecho	narrow
apurarse	apresurarse	to hurry
boleto	billete	ticket
botar	tirar	to throw away
estampilla	sello	stamp
flojo	perezoso	lazy
manejar	conducir	to drive
plata	dinero	money

1 **Answer in Spanish:**

("Una leyenda incaica")

(*a*) ¿Cómo se llamaban los cuatro hermanos de la leyenda?
(*b*) ¿De dónde salieron?
(*c*) ¿Quiénes les acompañaban?
(*d*) ¿Qué hicieron los hermanos y sus mujeres?
(*e*) ¿Qué buscaban?
(*f*) ¿Qué encontraron durante su viaje?
(*g*) ¿Qué sucedió entre los hermanos?
(*h*) ¿Cuál fue el destino de tres de los hermanos y sus mujeres?
(*i*) ¿Quiénes quedaron?
(*j*) ¿Dónde se establecieron Manco y Mama Ocllo?

2 **Translation**

Translate into English the passage "Fiestas religiosas".

3 **Summary**

Write a brief summary in English of the passage "La Iglesia Católica".

4 Answer in English:

("El español de España y el de América")

(*a*) Mention two phonetic differences between the Spanish spoken in Spain and that of Latin America.
Add other examples to those given in the text.

(*b*) What would be the Latin American equivalent of:

vosotros trabajáis   vuestra casa
vosotros bebéis   el coche vuestro
vosotros vivís

(*c*) Mention two grammatical differences affecting tenses and add other examples to those given in the text.

Summary

A Expressing conditions contrary to fact

Si me hubiesen informado en el momento oportuno yo habría postergado mi viaje.

Si usted nos hubiese escrito o llamado por teléfono con antelación le hubiéramos reservado una.

B Expressing agreement and disagreement

Yo estoy totalmente de acuerdo en que habría que modificar el actual sistema educativo.

Sí, estoy de acuerdo.

No estoy de acuerdo (con usted).

Grammar

1   The pluperfect subjunctive

haber + past participle

hubiera	hubiese	
hubieras	hubieses	
hubiera	hubiese	informado
hubiéramos	hubiésemos	perdido tiempo
hubierais	hubieseis	venido
hubieran	hubiesen	

2   The conditional perfect

haber + past participle

habría habrías habría habríamos habríais habrían	postergado el viaje tenido que cerrar la planta reducido el personal

3   Conditions contrary to fact

Si me **hubiesen** (o **hubieran**) **informado** yo **habría postergado** mi viaje; o:

Si me **hubiesen** (o **hubieran**) **informado** yo **hubiera postergado** mi viaje.

Si nos **hubiese** (o **hubiera**) **escrito** le **habríamos reservado** una habitación; o:

Si nos **hubiese** (o **hubiera**) **escrito** le **hubiéramos reservado** una habitación.

4   The future of probability

Como algunos de ustedes ya **sabrán**, mi estancia en Caracas no fue muy provechosa.

¿Qué hora **será**? Supongo que **serán** alrededor de las seis.

¿Dónde **estarán** en este momento?

5   Expressing a "cause"

Habían sugerido que yo postergara mi viaje, **ya que** el personal estaría de vacaciones.

Como tampoco había un hotel reservado para mí tuve que buscar alojamiento yo misma.

Debido a las fiestas de Carnaval la mayoría de los hoteles estaban completos.

Dada la actual situación económica del país, no nos habríamos podido permitir el lujo de contratar a jóvenes que buscan su primer empleo.

Por eso, cuando necesitamos cubrir un puesto de trabajo, pedimos gente que conozca el oficio.

Unidad 13

CONSOLIDACION

1 Reading/Writing

Robert Watson was sent by his company to El Salvador for a month. To extend his entry permit for another 30 days Mr Watson had to write to the Home Secretary (*Ministro del Interior*). Read his application and then answer the questions which follow:

T.R. 0879370

1 SEÑOR MINISTRO DEL INTERIOR:

2   Robert Watson, de treinta y tres años de edad, de nacionalidad

3 inglesa, Biólogo, actualmente de este domicilio, a usted respetuosamente

4 vengo a exponer:

5   El día dieciséis de octubre del corriente año, ingresé a El Salvador,

6 por el Aeropuerto de Jlopango y las oficina de migración respectiva me

7 concedió permiso de permanecer en El Salvador en calidad de Turista

8 para el plazo de treinta dias.-

9   Expuesto lo anterior y en el deseo de permanecer TREINTA

10 DIAS más en esta República respetuosamente solicito a usted me con-

11 ceda prórroga de permanencia como Turista por treinta dias más.-

12   Señalo para notificaciones el bufete del doctor Rafael Medina

13 Castro, situado en el Edificio Bustamante, segundo piso, número

14 doscientos dos, entre Alameda Roosevelt y 41a, Avenida Sur, de esta

15 ciudad.-

16   San Salvador, treinta de octubre de mil novecientos setenta y

17 ocho.-

18

Answer in Spanish:

(*a*) ¿Cuántos años tiene el señor Watson?

(*b*) ¿Cuál es su nacionalidad?

(*c*) ¿Cuál es su profesión?

(*d*) ¿Cuándo ingresó en El Salvador?

(*e*) ¿Por qué aeropuerto ingresó?

(*f*) ¿Cuántos días de permiso de permanecer en el país le concedió la oficina de migración?

(*g*) ¿Qué tipo de visado le dieron?

(*h*) ¿Cuántos días más quiere permanecer en el país?

Your company has sent you to El Salvador for three months and you are requesting the extension of the entry permit for another three months. Write a letter of application to the *Ministro del Interior* following the model opposite.

2 Your firm has sent you to a South American country for a year. To obtain temporary residence you are required to complete the following application form.

MINISTERIO DEL INTERIOR

SECCION DE MIGRACION

DATOS NECESARIOS PARA SOLICITAR RESIDENCIA O PRORROGA DE PERMANENCIA

1o.) Nombre completo: _____

Edad: _____ Nacionalidad por nacimiento: _____

_____ Nacionalidad actual: _____ Lugar y Fecha

de nacimiento: _____

_____ Profesión u oficio: _____

Estado Civil: _____ Domicilio y Dirección actual:

(FOTOGRAFIA)

_____

2o.) No. de Pasaporte _____ Lugar y fecha de expedición _____

_____ Autoridad expeditora: _____

Visa: _____ Fecha de ingreso: _____

3o.) Nombres de sus padres y sus residencias: _____

_____

_____ ¿Tiene parientes en este pais? _____ Nombres y residencias de

tales parientes, expresando el grado de parentesco: _____

_____

4o.) Trabajo a que anteriormente se ha dedicado: _____

Actividades laborales a que se dedicará _____

¿Tiene oferta de trabajo el solicitante? _____ ¿Dónde? _____

_____ Tiempo que desea permanecer en el pais _____

¿Cuenta con capital o renta proveniente del extranjero? _____ Proveniencia de dicho capital o

renta y su cuantía: _____

5o.) Nombre de dos personas que puedan dar referencias sobre su conducta, antecedentes y demás pormenores en su pais de origen, de adopción o de permanencias anteriores, expresando sus respectivas direcciones con exactitud: _____

_____

_____

6o.) Nombres completos con designación de apellidos de los menores de edad que vienen con el solicitante, expresando su nacionalidad y si son hijos legitimos, naturales o adoptivos: _____

_____

_____

_____

Lugar y Fecha: _____

3 **Letter-writing**

You are looking for a new job. Write a letter asking for an application form and further details about one of the posts in the advertisements on pages 40 and 44.

4 You are applying for a job with a company in Venezuela. Complete your curriculum vitae including the following information:

SOLICITUD DE EMPLEO

Nombre . . . . **Apellido** . . . .

Dirección . . . . **Teléfono** . . . .

Lugar de nacimiento . . . . **Fecha** . . . .

Nacionalidad . . . . **Sexo:**   masculino   ☐

                                                                                                                 feminino   ☐

Estatura . . . . **Estado civil** . . . .

Tiene carnet de conducir: sí ☐   no ☐

ESTUDIOS SECUNDARIOS

Nombre del colegio o instituto . . . .

Fechas: desde . . . .   **hasta** . . . .

ESTUDIOS SUPERIORES

Nombre de la institución o universidad . . . .

Fechas: desde . . . .   **hasta** . . . .

Título(s) recibido(s) . . . .

Otros estudios superiores . . . .

        . . . .

EMPLEOS

Nombre de la empresa . . . .

Cargo . . . .

Fecha de comienzo . . . .

Sueldo actual . . . .

Empleos anteriores (en orden cronológico)

Nombre de la empresa . . . .

Cargo . . . .

Fechas: desde . . . .   **hasta** . . . .

Razón por la que dejó el empleo . . . .

. . . .

---

5   Sustained speaking

Give a talk about yourself. Include information such as this:

Date and place of birth.
Information about your parents, wife or husband and other members of your family.
Schools you went to, including higher education.
Certificates and degrees obtained.
Present activity.
Plans for the future.

6   Ad hoc interpreting

An executive from a Mexican firm – señor José Ruiz – has come to visit your company. The editor of the company magazine – Mr Turner – would like to interview señor Ruiz in order to write an article about his career. Interpret between them.

7   Get together with another student and make up a conversation based on this situation:

A new employee (*Student A*) has arrived in your office. You (*Student B*) introduce yourself, tell him/her something about your job, ask what he/she was doing before, why he/she decided to leave and how he/she heard about this new job.

8 You are talking to a colleague who has just returned from abroad. Complete your side of the conversation with the appropriate questions. Use the familiar form.

Usted   (*Ask him where he has been.*)

Colega   He estado unos días en Colombia. He vuelto ayer por la mañana.

Usted   (*Ask him how long he was there.*)

Colega   Estuve diez días en total. Una semana en Bogotá y tres días en Cartagena.

Usted   (*Ask him whether he liked Colombia.*)

Colega   Sí, me gustó mucho, especialmente Cartagena. Es una ciudad muy bonita, de estilo colonial. Además, hacía un tiempo excelente.

Usted   (*Ask him whether he had been there before.*)

Colega   No, ésta fue mi primera visita. Había estado antes en Sudamérica, pero nunca en Colombia.

Usted   (*Say you have never visited South America but you would like to go there sometime. Next year you hope to visit some friends who live in Quito.*)

Colega   Ojalá que puedas ir. Realmente merece la pena.

9 Reading/Writing

Viaje a Las Malvinas

Llegué a las Malvinas a bordo del Lindblad Explorer, un buque construido en Finlandia, con bandera noruega, propiedad de una empresa norte-americana, y matriculado en Panamá. Me habían invitado a visitar la Antár-tida y, prácticamente, después de embarcar en Ciudad del Cabo, había comenzado por las Georgias del Sur.

Eran las 9 de la mañana del 27 de enero de 1972. Una mañana soleada, pero con nubes y claros. Después de tantos días de hielo y viento la llegada a Port Stanley representaba la llegada a la civilización. El propietario del buque y jefe de la expedición me había asegurado que podía aprovechar el día comprando "de todo y barato", pues era puerto franco. Por especial invitación del gobernador comeríamos en la iglesia.

En honor de la verdad, debo consignar que la gente, siempre en correcto inglés, se mostraba muy cordial con las cinco o seis decenas de norte-americanos y sólo un par o tres de europeos – entre ellos yo – que habíamos desembarcado.

Más tarde, a la hora de comer, y sin ninguna intención política ni polémica, le pregunté a uno de mis anfitriones: «Usted qué prefiere: ¿Ser inglés o argentino?» Todos contestaron rotundamente que ingleses. Al preguntarles por qué, resultaba ya más difícil e inconcreta la respuesta. Aducían la poca estabilidad política y económica en Argentina. Ellos querían a la Reina. Cuando les preguntaba sobre qué había hecho la Metrópoli para ellos, aun les confundía más.

Las Malvinas eran una cárcel en pleno océano, ya que los casi dos mil habitantes difícilmente podían desplazarse al continente. No había comunicación marítima regular y sólo dos vuelos al mes con Argentina, con hidroaviones de 5 pasajeros cada uno, y con preferencia de billete para los enfermos. Al dejar las Malvinas, el Lindblad Explorer nos llevó hacia Tierra del Fuego. En el camino pasamos junto a la Isla de los Estados, pero no desembarcamos . . .   *P. Mateu Sancho (La Vanguardia)*

Answer in Spanish:

(a) ¿Cómo llegó a las Malvinas el autor del texto?

(b) ¿Por qué razón fue allí?

(c) ¿Dónde había embarcado?

(d) ¿En qué fecha llegó a Port Stanley?

(e) ¿Qué tiempo hacía a su llegada?

(f) ¿Cómo pensaba pasar el día?

(g) ¿Cómo se mostraba la gente con ellos?

(h) ¿Qué le preguntó el autor del texto a uno de los anfitriones?

(i) ¿Qué respondieron todos?

(j) ¿Por qué dice el autor que las Malvinas eran como una cárcel?

(k) ¿Había algún tipo de comunicación con el continente? ¿En qué consistía?

(l) ¿Hacia dónde se dirigió el Lindblad Explorer después de dejar las Malvinas?

Write an essay describing a holiday or journey in which you took part.

Use the following questions as a guideline, if necessary.

¿Adónde fue? ¿Y cuándo?

¿Por qué fue allí?

¿En qué fue?

¿Con quién?

¿Qué hizo durante su estancia allí?

¿Cómo era la gente?

¿Cómo era el lugar?

¿Qué tiempo hacía?

¿Qué le gustó o no le gustó?
¿Cuánto tiempo estuvo allí?
¿Le gustaría volver? ¿Por qué?

10 Reading

You are travelling to Barcelona on business. During the flight you are given a Spanish newspaper and one of the sections you read is the weather report. Look up all the information regarding Catalonia and Barcelona.

Tras la primavera, mal tiempo

SOPLAN los vientos del sector de Levante en todos los niveles de la atmósfera. Son vientos húmedos que conllevan el mal tiempo, entendiendo como tal el que se presenta húmedo. nuboso y frío o fresco. El peor tiempo, el tiempo más húmedo y frío, se localizará en el área mediterránea, donde se producirán los chubascos más importantes. En Catalunya, con nubosidad abundante y frecuentes períodos de cielo cubierto, la temperatura quedará baja y el ambiente será fresco. Hacia Galicia, el tiempo será más soleado y cálido.

	Barcelona	Madrid
Tª Máx.	13,6°C	18,0°C
Tª Min.	11,4°C	10.0°C
Humedad	alta	baja
Viento	flojo	flojo
Nubes	cubierto	muchas
Horas sol	0,0 h.	0,0 h.
Ambiente	húmedo	templado
Lluvia	0,2 l/m²	0,1 l/m²

(*El Periódico*)

Jueves: pocos cambios

Es posible que comiencen a abrirse claros entre nubes más o menos duraderos, pero el tiempo en general seguirá caracterizándose por ser húmedo y fresco, como los vientos que lo determinan.

Ayer: lluvia

Después de muchos días de tiempo primaveral, sin lluvia alguna, han vuelto las nubes y las lluvias. La lluvia se produjo ayer en casi todo el país, aunque las cantidades arrojadas fueron muy poco importantes, inapreciables en la mayoría de los observatorios que miden lluvias. En Barcelona llovió varias veces, pero cantidades inapreciables.

Answer in Spanish:

(a) ¿En qué parte de España hará más frío y humedad?
(b) ¿Dónde habrá nubosidad abundante?
(c) ¿Serán altas o bajas las temperaturas en Cataluña?
(d) ¿Qué tiempo hizo ayer en Barcelona?
(e) ¿Cuál fue la temperatura máxima que hizo ayer en esa ciudad?
(f) ¿Cuál fue la temperatura mínima?
(g) ¿Fue alta o baja la humedad?
(h) ¿Hizo sol en Barcelona?

11 A telephone conversation

Get together with another student and make up a conversation based on this situation:

Sr. Augustín Raventós of "Electrodomésticos Tibidabo S.A." in Barcelona has visited your company. During his stay he lost his camera but this was found shortly after his return to Spain.

Student A: You have been asked to telephone Sr. Raventós on behalf of Mr Miller of Gordon Miller & Co. to inform him that one of your colleagues, Mr Peter Blake, will travel to Barcelona on Monday, 16 August and will take the camera with him.

Student B: You are secretary to Sr. Raventós. An employee from Gordon Miller & Co. in London telephones and asks to speak to Sr. Raventós, but he is at a meeting and cannot be interrupted. Take the message and pass it on to your boss.

12 Complete your side of this conversation on the basis of the situation outlined above.

Sr. Raventós	¿Ha habido alguna llamada para mí?
Usted	(*Yes. Tell him about the phone call from London.*)
Sr. Raventós	¿Eso es todo?
Usted	(*Yes, that's all. There hasn't been any other phone call.*)

13 Translation

You are working for an insurance company in a Spanish-speaking country. The management is preparing a publicity leaflet for distribution among the resident English-speaking community and you have been asked to translate this into English.

PROTECCION PARA APARTAMENTOS Y CASAS

USTED TENDRA protección para su casa, sus muebles, sus enseres domésticos, herramientas, ropa, joyas, máquinas fotográficas, dinero, etc., en su casa o lejos de ella (donde quiera que usted se encuentre).

USTED TENDRA protección para sus gastos adicionales de hotel, comidas, etc., mientras su apartamento o casa está en reparaciones por algún accidente o incendio.

USTED TENDRA protección para sus compromisos personales, accidentes o pérdidas que pueda sufrir su familia en su casa o lejos de ella.

USTED TENDRA protección para sus gastos médicos por accidentes o heridas causadas en su casa, sea usted o no el responsable.

14 Reading

The following passage is an extract from the electoral programme of a Spanish political party. Read it through and then say whether the statements which follow are true or false. Correct false statements.

La solidaridad para crear puestos de trabajo

Con carácter general se rebajará en el plazo de un año la edad de jubilación a los 64 años, y las jubilaciones anticipadas podrán iniciarse a los 59 años.

Se marcará la tendencia a la reducción de la edad de jubilación, mediante un ritmo de rebaja de 6 meses cada año.

Los trabajos penosos, tóxicos y peligrosos tendrán una regulación más favorable.

Se creará la figura del contrato de relevo, consistente en la jubilación progresiva de trabajadores mayores de 60 años y su sustitución por jóvenes en busca del primer empleo.

Se apoyará la jubilación anticipada con carácter voluntario, especialmente cuando exista la posibilidad de sustitución por jóvenes trabajadores, a través de la negociación.

Se extenderá la escolarización plena hasta los 16 años, y se favorecerá la prolongación de la escolarización hasta los 18 años.

Durante el primer año se fijará la jornada laboral legal en 40 horas semanales y en 30 días las vacaciones anuales. Se mantendrá, sin embargo, el objetivo de las 35 horas.

¿Verdadero o Falso?

(*a*) Actualmente la edad de jubilación es a los 65 años.

(*b*) Dentro de un año todos los trabajadores podrán retirarse a los 59 años.

(*c*) La edad de jubilación se reducirá en un año cada seis meses.

(*d*) Las nuevas regulaciones favorecerán a aquellas personas que realizan trabajos penosos, tóxicos y peligrosos.

(*e*) Aquéllos que se jubilen serán sustituidos por personas mayores de 60 años.

(*f*) La jubilación anticipada será voluntaria y negociable.

(*g*) Los jóvenes tendrán la obligación de permanecer en la escuela hasta los 18 años.

(*h*) Se trabajará 30 horas semanales y habrá 40 días de vacaciones cada año.

15 Interview

The financial correspondent of a Spanish newspaper interviews a Spanish government official. As the subject is external trade and this is of special interest to you, you decide to take brief notes in English of the most relevant points in the interview.

Pregunta   ¿Qué política adoptará el gobierno en cuanto a comercio exterior?

Respuesta Bueno, lo primero será dar un mayor incentivo a las exportaciones, mediante un tipo de interés preferencial. Para ello será necesario reformar el Banco exterior y lograr una mayor participación de la Banca Privada.

Pregunta   ¿Existe algún plan concreto de promoción comercial en el exterior?

Respuesta Desde luego. Nuestro gobierno modernizará la red exterior de oficinas comerciales mejorando sus niveles de información. En esto es imprescindible que haya una estrecha colaboración entre los sectores públicos y privados.

Pregunta   ¿Qué papel jugarán la pequeña y mediana empresa en el área de las exportaciones?

Respuesta La pequeña y mediana empresa serán fundamentales en la exportación. La labor de promoción, realizada por el gobierno estará orientada principalmente a ayudar a este sector.

Now use your notes to answer these questions in English:

(*a*) What steps will the government take to promote Spanish exports?

(*b*) What sectors of the economy will collaborate in this?

(*c*) What role will small and medium-sized industries play in the export trade?

16 Reading

During a visit to Barcelona you decide to hire a car and spend a weekend by the sea. It is a holiday weekend and driving will be difficult, particularly on the way back to the city. Some of the local papers carry suggestions for motorists telling them which hours to avoid, which routes to take, etc.

Read the suggestions below.

Para una «Operación retorno» sin complicaciones

Aconsejan evitar las horas punta

Aunque parte de los barceloneses que han aprovechado estas «minivacaciones» de Semana Santa para salir de la ciudad regresaron ayer, hoy se espera que la «operación retorno» alcance su punto culminante.

La Jefatura Provincial de Tráfico recomienda para este retorno que se intente evitar las «horas punta», que se supone serán desde las tres hasta las ocho de la tarde de hoy. Se teme que durante esas cinco horas se produzcan los atascos más importantes de la Semana Santa.

La nota positiva de las operaciones salida y retorno de este año es que hasta el momento se han registrado menos accidentes de tráfico que el año pasado.

Para facilitar el regreso la Jefatura Provincial de Tráfico ha ampliado las vías de entrada con el establecimiento de conos en las principales carreteras y autopistas.

Tráfico recomienda a los conductores que lleguen a Cuatro Caminos por carretera, en dirección a Barcelona, que entren directamente a la calzada contraria, utilizando el carril de salida a Molins, que también se cambiará de sentido para esta operación.

Asimismo, estará prohibida la circulación a los camiones hoy desde las 12 a las 24 horas en las carreteras con más intensidad.

(*Hoja del Lunes*)

Answer in English:

(*a*) What hours should you avoid? Why?
(*b*) Have there been many road accidents this year?
(*c*) What has the Jefatura Provincial de Tráfico done to facilitate driving?
(*d*) What could you do if you are driving to Barcelona via Cuatro Caminos?
(*e*) Will there be lorries on the road?

17 You are driving in a Spanish-speaking country and you have left your car in a garage for servicing. Study this list of instructions and then ask the mechanic to carry out each instruction as requested.

Comprobar el nivel de aceite en el motor.

Comprobar el nivel del radiador.

Comprobar las presiones de los neumáticos, incluso el de repuesto.

Ver si todas las luces funcionan.

Rellenar la batería si es necesario.

Limpiar la superficie superior de la batería.

Rellenar el depósito del limpiaparabrisas.

Limpiar los parabrisas, los cristales de los faros y los espejos retrovisores.

(*Cambio 16*, Nº 501)

Usted: Por favor *compruebe* el nivel de aceite en el motor, *compruebe* ...

18 At sight translation

Your firm has received the following letter from a customer in Mexico and one of your colleagues has asked you to translate it orally for him.

Mr Ian Steel
Associate Director
Market Studies Ltd
29 Hampton G

Ciudad de México, 4 de mayo de 19 . .

Mr Ian Steel
Associate Director
Market Studies Ltd
29 Hampton Grove
Londres WC2N 7AP
Gran Bretaña

Distinguido señor:

De acuerdo con nuestra conversación telefónica del pasado jueves, me es grato hacerle llegar el catálogo general de nuestras publicaciones, en el que esperamos encuentre libros que sean de su interés.

Si desea adquirir alguno de ellos, le rogamos nos envíe su importe en libras, al cambio de 225 pesos cada una.

Quedamos a su disposición y le saludamos muy atte.

Miguel Donoso
Promoción Exterior
EDITORIAL COMERCIAL S.A.

19 Letter-writing

Your firm is planning to set up an office in Madrid. You have seen the following advertisements in a Spanish newspaper and have decided to write a letter requesting further information.

Paragraph 1:

Say your firm is interested in renting an office in Madrid. You have seen their advertisement in a local newspaper and you would like to receive more information about the types of offices they have for rent.

> **OFICINAS**
> **EN ALQUILER**
> EN GLORIETA
> CUATRO CAMINOS, 6 y 7
> **de 50 a 200 m²**
> Aptas para despachos
> profesionales
> Precios interesantes.
> **Sr. del Rio. - 411 02 11**

Paragraph 2:

Say you would be grateful if they could send you details about the size and location of the offices as well as prices.

> **LOCALES**
> **EN ALQUILER**
> Junto a la tienda de muebles
> más grande de Madrid
> **DESDE 60 m²**
> APTOS PARA OFICINAS,
> TALLERES ARTESANOS,
> TIENDAS DE TODO TIPO, ETC.
> Verlos en Pº Pontones, 29 (Expomueble)
> Teléfono 474 93 00

Paragraph 3:

Say you would like to have this information as soon as possible.

> **LOCAL OFICINAS**
> Paseo de La Habana, 202 bis
> 450 m². Extraordinario
> Instalado
> **OCASION**
> **Facilidades. Propietario**
> Tel. 232 81 10. Ext. 302

20 Reading/Sustained speaking

The following passage on graphology appeared in a Spanish magazine. Study the text and then prepare a brief talk giving your own opinion about the subject. Consider the advantages and disadvantages of using graphology in industry, possible dangers and misinterpretations, etc.

USOS DE LA GRAFOLOGIA EN LA INDUSTRIA

Desde que en la década de los treinta en Estados Unidos se empezó a utilizar a los grafólogos para la selección de personal, la grafología comenzó a salir de los departamentos policiales y a insinuarse tímidamente en el mundo empresarial y científico. Hoy día son raras las empresas de los cinco continentes que no emplean los servicios de estos expertos. El director de personal de una importante empresa de Madrid afirma: "Nuestra empresa fue de las primeras en utilizar a grafólogos, hará unos quince años. Ahora mismo sé de muchas que hacen lo mismo que nosotros y con resultados óptimos."

"No sólo empleamos a los grafólogos cuando necesitamos nuevos empleados —opina el director de personal— sino también para remodelar nuestras plantillas. Hemos sabido, gracias a estos expertos, que mucho abstencionismo laboral se debía a que teníamos a empleados en lugares inapropiados para ellos, y en los que estaban a disgusto. Estos hombres, después de cambiar de puesto de trabajo, han aumentado en rendimiento y han disminuido sus propias tensiones y frustraciones."

Y ahora ¿qué opina usted?

¿Qué ventajas o desventajas ve en la aplicación de la grafología en la industria?

¿Lo considera usted peligroso?

¿Cree usted que podría conducir a malas interpretaciones?

¿De qué manera piensa usted que se podría utilizar?

¿Qué factores habría que tener en cuenta si se utilizara la grafología en la contratación de nuevo personal?

Juegue con su letra

Mire cómo escribe y después intente ver a qué apartado pertenece su letra. No intente hacer un análisis de su carácter con sólo estos datos. La cosa es mucho más complicada y científica, pero esto le puede servir como botón de muestra... y como juego.

A

Escritura inclinada hacia la izquierda

Usted es prudente y sabe controlar sus impulsos, pero también tiene miedo, es tímido y un poco inseguro. No sería nada raro que viviera una frustración afectiva.

B

Escritura inclinada hacia la derecha

Nada, es usted un extrovertido y le gusta hacer amigos, pero ándese con ojo, también es usted irreflexivo, agresivo y refleja una cierta inmadurez afectiva.

C

Escritura descendente

Es usted un pesimista o está enfermo, pero tampoco se preocupe demasiado. Puede ser pasajero.

D

Escritura ascendente

La ambición le domina. Es usted entusiasta y con fe en sí mismo. El optimismo le acompaña, y posee cierta facilidad para evadirse de la realidad y soñar.

E

Escritura débil

Es usted un idealista, con pocos contactos con la realidad; es espiritual, delicado de sentimientos y sensible.

F

Escritura marcada

Propia de los vitalistas y realistas. El mundo le entra por los sentidos. Tiene usted fuerza y puede que sea artista y un poco bruto.

(Cambio 16, Nº 532)

F

21 Reading/Sustained speaking

A group of professional people in Spain took part in a debate on the theme "Women at work". Here are some of the statements made in the course of the discussion. Consider each of them in turn and say whether you agree or disagree with what is being said and why.

You may give examples to support your own opinion.

- "Es un hecho que hombres y mujeres entran a trabajar en una empresa con puestos de trabajo idénticos y la mujer, de entrada, ya cobra un sueldo inferior."

- "Por parte de la empresa existe una gran reticencia en dar puestos de trabajo a las mujeres casadas o que se van a casar, por el hecho de que la ley concede una serie de beneficios o de protección en caso de maternidad."

- "Las mujeres faltan al trabajo, por enfermedad, el doble que los hombres. Pero las mujeres casadas faltan cinco veces más al trabajo que los hombres. Entonces, ¿las mujeres faltan al trabajo porque se las trata peor, o se las trata peor porque trabajan menos?"

- "Otro aspecto que a mí me gustaría destacar es el de la falta de promoción, de esa reticencia que existe a dar puestos de responsabilidad a las mujeres, sobre todo, a las casadas.
  Yo lo que veo claro es que a la sociedad capitalista lo que le importa es ganar dinero, y si ganara más contratando mujeres que hombres, es seguro que contrataría más mujeres."

- "Yo creo que la cuestión es más compleja; es ideológica, es cultural. Siempre se considera al hombre como superior y a la mujer como ser de inferior categoría."

- "La mujer está destinada a casarse y a tener hijos y es muy difícil ser una buena madre y esposa y al mismo tiempo una trabajadora o profesional eficiente."

22 Translation

You are working as a translator. On your desk this morning you find the following passage which needs to be translated into English:

Uso más eficiente de la energía

En el hogar
Las casas se usan durante muchos años — como promedio entre 25 y 80. Por eso se hace necesaria la aplicación a los edificios existentes de técnicas que ahorren energía. Aun cuando estas modificaciones a las construcciones ya en uso redujeran el consumo energético, los ahorros de energía para el año 2000 sólo serían de la mitad de los que podrían finalmente obtenerse. Esto se debería al ritmo lento de reemplazo de los edificios existentes y el índice relativamente bajo de construcción de otros nuevos.

De modo que las modificaciones a las construcciones ya en uso son valiosas; pero la introducción de reglamentaciones sobre el diseño de edificios nuevos, que incorpore características que ahorren energía (lo cual es mucho más barato que las modificaciones), es prioritaria para que las economías comiencen lo antes posible.

23 Summary

Summarise the following news items briefly in English.

El rey Juan Carlos abortó el intento golpista del 23 de febrero

La actuación de don Juan Carlos, en su calidad constitucional de comandante supremo de las Fuerzas Armadas, y la actitud respetuosa con la legalidad democrática por parte de la gran mayoría de las capitanías generales abortaron la intentona golpista perpetrada el 23 de febrero mediante el asalto armado al Congreso de los Diputados. Grandes manifestaciones populares respaldaron el 27 de febrero la posición del Monarca y de los militares obedientes a la Constitución.

La irrupción en el Congreso de los Diputados de casi trescientos guardias civiles, al mando del teniente coronel Antonio Tejero, suspendió bruscamente la votación de investidura de Leopoldo Calvo Sotelo como nuevo presidente del Gobierno y afectó profundamente al proceso de transición democrática, que en los meses sucesivos resultó seriamente afectado. La brutalidad del asalto puso en vilo a millones de españoles, que siguieron a través de la radio las primeras vicisitudes de la acción golpista.

Llegó el "Guernica", "el último exiliado", en el centenario de Pablo Picasso

La llegada del _Guernica_ a España, el día 10 de septiembre de 1981, ha marcado una fecha histórica no sólo en la conciencia ciudadana de los españoles, sino también en el mundo del arte, marcado precisamente durante este año por el centenario del nacimiento de Pablo Picasso.

Cuando el cuadro llegaba, en un avión de Iberia procedente de Nueva York, al aeropuerto de Madrid-Barajas, bajo fuertes medidas de seguridad, culminaba un período de duras negociaciones para la recuperación de un patrimonio de todos los españoles, que, según su autor, sólo podría regresar a España cuando se restablecieran en este país las libertades individuales. "Ha llegado el último exiliado", fue la expresión unánime de muchos sectores de españoles.

Las Cortes decidieron el ingreso de España en la OTAN

El Pleno del Congreso de los Diputados autorizó al Gobierno, en la noche del 29 de octubre de 1981, para que iniciara los trámites de adhesión de España a la Organización del Tratado del Atlántico Norte (OTAN). Con la autorización de las Cortes —el Senado dio su aprobación pocas semanas después—, el Gobierno de UCD ha iniciado la culminación de uno de los objetivos marcados por Calvo Sotelo al hacerse cargo de la presidencia del Ejecutivo. La derecha, incluida la nacionalista, lo apoyó, y la izquierda se opuso, con diversos matices. El lema del PSOE —"OTAN, de entrada, no"— fue en este sentido objeto de todo tipo de comentarios.

Somos ya 38 millones de españoles

Antes del 1 de enero de 1982, la población total de España será de 38 millones de habitantes, según las previsiones del último censo de población, realizado por el Instituto Nacional de Estadística con fecha del 1 de marzo de 1981. En ese momento la cifra exacta era de 37.682.355 españoles.

El crecimiento previsto de la población en nuestro país es inferior al 7%, debido a la caída de la natalidad, cuya tasa en este año se estima que será inferior al 14%. Madrid capital, seguida de Valencia y Cataluña, ostentan las cifras mayores de crecimiento.

Castilla-León, Castilla-La Mancha y Extremadura pierden población, al tiempo que otras seis regiones tienen un crecimiento inferior a la media nacional, caso de Andalucia, Aragón, Cantabria, Galicia, Navarra y la Rioja.

Aprobada la ley de Divorcio tras un debate largo y polémico

Entre los meses de marzo y junio, las Cortes Generales aprobaron la ley de Divorcio, restituyendo así un derecho que los españoles tenían vetado desde la II República. Quinientas mil personas, aproximadamente, viven separadas en nuestro país, según cifras facilitadas por los parlamentarios durante los debates para la aprobación de la ley. Sin embargo, a medio año de su entrada en vigor son muy pocos los españoles que han decidido resolver jurídicamente sus situaciones de hecho.

El debate parlamentario de la ley de Divorcio fue uno de los más largos y polémicos que se recuerdan en las Cortes españolas. La redacción de su primer borrador se realizó cuando el titular de la cartera de Justicia era el democristiano Iñigo Cavero, y en su texto se planteaba, de un modo muy ambiguo y restrictivo, lo que después sería el tema clave y polémico de la ley: el reconocimiento del divorcio por mutuo acuerdo de los cónyuges —sin necesidad de buscar un culpable— y la capacidad del juez para alterar este acuerdo de la pareja o incluso para anularlo.

(_El País Semanal_, Nº 247)

24 Listening comprehension

In a radio broadcast in Mexico City a commentator discusses the adaptation of the media in the United States to the needs of the Spanish-speaking community, which now runs into several millions.

1 Fill in the table below with information from the commentary.

Number of Spanish speakers in the U.S.A.	
Potential consumer market among Spanish speakers.	
Average number of hours a Spanish speaker spends watching TV every week.	
Listening to the radio.	
Reading.	
Year in which the first TV channel in Spanish was established.	
Total number of TV stations in Spanish	
newspapers,	
magazines,	
radio stations.	

2 Answer in Spanish:
  (a) ¿Qué población tiene el área metropolitana de Los Angeles?
  (b) ¿Qué población hispana podría tener en el año 2000?
  (c) ¿Qué país europeo colonizó Colorado, California y Texas entre 1540 y 1821?
  (d) ¿Entre qué años controló México estos territorios?
  (e) ¿Qué sucedió después?

GRAMMATICAL INDEX

The numbers in bold type refer to Units, the others to sections within each Unit (see Grammar).

VOCABULARY

A

a   to, at
abandonar   to leave
abogado (m)   lawyer
abrir   to open
abstencionismo laboral (m)
   absenteeism
abuelo (m)   grandfather
aceite de oliva (m)   olive oil
aceituna (f)   olive
acercarse   to draw near
acero (m)   steel
acomodador (m)   usher
aconsejable   advisable
acontecer   to happen
acordar   to agree
acordarse   to remember
acostarse   to go to bed
acostumbrarse a   to get
   accustomed to
acta (f)   minutes, record
actitud (f)   attitude
actividad (f)   activity
actual   present
actualidad: en la — (f)   at the
   present time
actualmente   at present, now
actuar   to work, to perform, to
   behave
acuerdo (m)   agreement
   de acuerdo   agreed, that's fine
   de acuerdo a   in accordance with
acusar recibo de   to acknowledge
   receipt of
además   moreover, besides
adiós   goodbye
adonde   where (to)
aduana (f)   customs

aeropuerto (m)   airport
afectado   affected
aficionado a   fond of
afición (f)   interest, liking
afluencia (f)   number, inflow, influx
afueras (f pl)   outskirts
agradable   pleasant
agradecer   to thank
agrado (m)   taste, liking
agravarse   to worsen
agregar   to add
agrícola   agricultural
ahora   now
ahora mismo   right now
ahorrar   to save
ahorro (m)   saving
aire (m)   air
aire acondicionado (m)   air
   conditioning
aislar   to insulate
alberca (f)   swimming pool (Méx.)
albergue juvenil (m)   youth hostel
alcance: estar al —   to be within reach
alcanzar   to reach, to achieve, to
   obtain
alegrarse   to be pleased, to be happy
alemán (m)   German
algo   something
algodón (m)   cotton
algún   some, any
alimento (m)   food
alimenticio   food
alisios (vientos) (m pl)   trade winds
allegado   near, close
allí   there
almacén (m)   warehouse, store
almacenamiento (m)   storage
almacenar   to store

almorzar   to have lunch, to lunch

almuerzo (*m*) lunch

alojamiento (*m*)   lodging, accommodation

alquiler (*m*)   rent

alrededor de   around, about

alto   tall

altura (*f*)   height

alumno (*m*)   pupil, student

ama de casa (*f*)   housewife

amabilidad (*f*)   kindness

amarillo   yellow

ambiente (*m*)   atmosphere

ambos   both

ameritar   to deserve

amigo (*m*)   friend

amortizar   to pay off

ampliar   to extend

amplio   large, big, spacious, wide, extensive

amueblado   furnished

analfabetismo (*m*)   illiteracy

ancho   wide

anchura (*f*)   width

andén (*m*)   platform

anfitrión (*m*)   host

antelación (*f*)   precedence, priority

antemano: de —   beforehand

anterior   previous, former

antes   before

anticipo (*m*)   advance payment

antiguo   old, senior, veteran

antipático   unpleasant

anulación (*f*) cancellation

anunciar   to announce

anuncio (*m*)   advertisement

año (*m*)   year

Año Nuevo (*m*)   New Year

año pasado (*m*)   last year

aparcamiento (*m*)   parking

aparcar   to park

apartado de correos (*m*)   post-box

apellido (*m*)   name, surname, family name

apenas   hardly

apertura (*f*)   opening

aplazar   to postpone, to defer

aplazar a convenios   to agree a set time

apoyar   to support

aprobar   to approve

aprovechar   to make good use of

aquel (*adj*)   that

aquél (*pron*)   that

aquello (*pron neut*)   that

aquí   here

arancel (*m*)   tariff, duty

argentino   Argentinian

árido   arid

armamentos (*m pl*)   armaments

arreglar   to fix, to arrange

arroz (*m*)   rice

arquitecto (*m*)   architect

artesanía (*f*)   handicraft

artículo (*m*)   article

artículos de deportes (*m pl*)   goods, sports

artículos de tocador (*m*)   toiletries

asado   roast

ascender   to promote

ascensor (*m*)   lift

aseo (*m*)   toilet

asesorar   to advise

asiento (*m*)   seat

asistir   to attend, to be present

asumir   to take over

atender   to attend to

atento   kind, polite

aumentar   to increase, to rise

aumento (*m*)   increase

aún   yet, still, as yet

aun   even

aunque   although, even though, if

ausencia (*f*)   absence

auspiciar   to sponsor

autocar (*m*)   coach

autopista (*f*)   motorway

avanzado   advanced

avanzar   to advance
avenida (f)   avenue
avería (f)   breakdown
averiguar   to find out
avión (m)   airplane
aviso (m)   notice
ayer   yesterday
ayudar   to help
azafata (f)   air hostess, guide
azúcar (m/f)   sugar
azul   blue

B
bachillerato (m)   Spanish equivalent
    of G.C.E.
baile (m)   dance
bajo   short
balanza de pagos (f)   balance of
    payments
banco (m)   bank
bandera (f)   flag
barato   cheap
barba (f)   beard
barco (m)   ship
barril (m)   barrel
barrio (m)   neighbourhood
bastante   quite, enough
beber   to drink
Bélgica (f)   Belgium
bienes de consumo (m pl)   consumer
    goods
bilingüe   bilingual
billete (m)   ticket, note
bloc de taquigrafía (m)   short hand
    pad
bocadillo (m)   sandwich
bolígrafo (m)   ball-point pen
bolso (m)   handbag, pocket
bomberos (m pl)   fire brigade
bonito   pretty, nice
bordo: a – on board
borrar   to rub out
botones (m pl)   office boy, bell boy
brindar   to offer

británico   British
buenas noches   good evening, good
    night
buenas tardes   good afternoon
bueno   good, well
buenos días   good morning
buscar   to look for

C
caballo (m)   horse
caballero (m)   gentleman
cada   each, every
cada vez más   more and more
caducar   to lapse, to expire
caída (f)   fall
caja (f)   box, cashier's desk
cajero (m)   cashier
calcetines (m pl)   socks
calefacción (f)   heating
calle (f)   street
calor (m)   heat
calzado (m) footwear
cama (f)   bed
cambiar   to change
cambio (m)   change
    en cambio   on the other hand
camino (m) way
camión (m)   lorry
camisa (f)   shirt
campesino (m)   farm worker,
    labourer
campo (m)   country, field, stadium
cantar   to sing
capaz   capable
cantina (f)   cafeteria
capaz   capable
capital (m)   capital (commercial)
capital (f)   capital (city)
cara (f)   face
carecer   to lack
cargo (m)   job, position
carne (f)   meat
carnet (m)   card

carnet de conducir (*m*)   driving
  licence
caro   expensive
carpeta (*f*)   file
carrera (*f*)   career
carreras (*f pl*)   races, racing
carretera (*f*)   road
carta (*f*)   letter, menu, card
cartera (*f*)   brief case, wallet
casa (*f*)   house, home, firm
  en casa   at home
casa de cambio (*f*)   bureau de change
casado   married
casarse   to get married
casi   almost
castellano (*m*)   Spanish (Castilian)
causa (*f*)   cause
  a causa de   on account of
causar   to cause, to create
    (impression)
cebada (*f*)   barley
celebrar   to hold, to celebrate
cenar   to dine, to have supper
centeno (*m*)   rye
centro (*m*)   centre
centro de convenciones   congress or
    conference centre
cerca   near
cercano   near, close
cerdo (*m*)   pork
cerrar   to close
certificado   registered
certificar   to register, to certify
cierto: en – modo   to a certain
    extent
cifra (*f*)   number, quantity, figure
cine (*m*)   cinema
cita (*f*)   appointment
ciudad (*f*)   city, town
ciudadano (*m*)   citizen
clave (*f*)   key
  pieza clave   key piece
clima (*m*)   climate
cobre (*m*)   copper

coche (*m*)   car, coach
cocina (*f*)   kitchen, cooking, cookery
coger   to take, to hold
colegio (*m*)   school
colina (*f*)   hill
colocar   to place
coloquio (*m*)   conference, talk
comedor (*m*)   dining room
comenzar   to begin, to start
comer   to eat
como   as, how
  cómo no   of course
cómodo   comfortable
compañía mixta (*f*)   mixed company
componerse   to be made up of
con   with
concepto: en – de   by way of, as
conducir   to drive
conductor (*m*)   driver
confianza (*f*)   trust
  es de toda confianza   is a reliable
    person
conforme a   consistent with,
    according to
conjunto   joint, group
conocer   to know, to meet
conservar   to keep
conquistar   to overcome, to conquer
conseguir   to get, to obtain
conservas: industria de – (*f*)   canning
    industry
constituir   to constitute, to form, to
    make up
construcción (*f*)   building
construir   to build
consumo (*m*)   consumption
consumo masivo   wholesale
    consumption
contable (*m*)   accountant, bookkeeper
contabilidad (*f*)   accounting
contar   to count, to explain, to relate,
    to tell
  contar con   to rely on, to have
contenido (*m*)   contents

contento   happy
contestar   to answer
contestación   (f) answer, reply
continuación (a —)   next
contra   against
contratiempo (m)   setback
control de la natalidad (m)   birth
    control
controvertido   controversial
convocatoria (f)   notice of meeting
    summons, call
copa (f)   drink
corbata (f)   tie
cordillera (f)   chain of mountains
corona (f)   crown
corrección (f)   courtesy, politeness
correo (m) mail
Correos   Post Office
correr   to run
corriente   current, current month
cortés   courteous
corto   short
cosa (f)   thing
costar   to cost
costoso   expensive
cotidiano   daily
crear   to create
crecimiento (m)   growth
creer   to think, to believe
creyente (m)   believer
cruce (m)   crossing
cruento   bloody, gory
cruzar   to cross
cuádruple   quadruple
cual   what, which
cualquier   any
cuando   when
cuanto   how much, how many
    cuanto antes   as soon as possible
    en cuanto   as soon as
    en cuanto a   as for, with regard to
cuarto de baño (m)   bathroom
cubrir   to cover
cucharada (f)   spoonful

cucharadilla (f)   teaspoonful
cuenta (f)   account
cuenta corriente (f)   checking account
cuero (m)   leather
cuidadoso   careful
cumplir   to fulfill
cursar   to study (subject), to take

CH
chaqueta (f)   jacket
charla (f)   talk
chuleta de cerdo (f)   pork chop
chuleta de cordero (f)   lamb chop
chuleta de ternera (f)   veal chop

D
daño (m)   damage
dar   to give
de   from, of, in, about, by
deber   must, should, to owe
deberes (m pl)   duties
debido a   due to
decidir   to decide
decidirse   to make up one's mind
decir   to say, to tell
    es decir   that is to say, or rather
dedicarse a   to devote oneself to, to
    work at or in, to go in for
dejar   to leave
delgado   slim, thin
dentífrico (m)   toothpaste
dependiente (m)   store clerk
deportes (m pl)   sport
derecho   right
    derecha (f)   right (politics)
    a la derecha   on the right, to the
        right
Derecho (m)   Law
derechos (m pl)   rights
desaparición (f)   disappearance
desarrollar   to develop
desarrollo (m)   development
desayuno (m)   breakfast
descansar   to rest

desconfianza (*f*)   distrust, lack of confidence

desconocer   not to know

desconocido   unknown, stranger

descuento (*m*)   discount

desde   since, then, from

desear   to wish, to want

desempeñar   to perform, to hold

desempeñar el puesto   to fill, hold the post

deseo (*m*)   wish

desgraciadamente   unfortunately

designar   to designate, to appoint

despachar   to despatch, to send, to complete, to settle

despacho (*m*)   office

despedir   to dismiss, to say goodbye to

desplazarse   to travel, to move, to shift

después   afterwards

después de   after

destacar   to stand out, to emphasize, to point out

destino (*m*)   destination

desviación (*f*)   diversion, detour

detalle (*m*)   detail

devolver   to return, to give back

día (*m*)   day

   Día del Trabajo   Labour Day

diariamente   daily

diario (*m*)   daily paper

dicho   said, above mentioned

difícil   difficult

dígame   hello (telephone)

dinero (*m*)   money

dirección (*f*)   address

director de personal (*m*)   personnel director

dirigirse   to direct, to address, to go

disfrutar   to enjoy

disgusto (*m*)   annoyance, displeasure, trouble, bother, difficulty

disminución (*f*)   drop, fall, decrease

disminuir   to diminish, to decrease

disponer   to have available

disponible   available

disposición (*f*)   order

   a su disposición   at your service

dispuesto   willing

dispuesto (estar — a)   to be prepared to, to be willing to

distancia (*f*)   distance

distinto   different, various

diversión (*f*)   amusement

divertido   amusing

dividir   to divide

doblar   to turn, to double

doble   double

doler   to hurt, to pain, to ache

dolor (*m*)   pain, ache

dolor de cabeza (*m*)   headache

dominio (*m*)   dominion, land, power

donde   where

dormir   to sleep

dormitorio (*m*)   bedroom

ducha (*f*)   shower

dudar   to doubt

durante   during

durar   to last

duro   hard, strong

E

e   and

echar   to throw

echar de menos   to miss (a person or place)

echar una carta   to post a letter

edad (*f*)   age

edificio (*m*)   building

editorial (*m*)   publisher

efectuar   to bring about, to carry out

ejemplar (*m*)   copy

ejemplo: por —   for example

ejercer   to exercise, to practice

ejército (*m*)   army

él   he, him

el (*m*)   the one, the

electrodomésticos (*m pl*)   household appliances

elegir   to choose

ella   she, her

embalar   to pack, to wrap up

embarazoso   embarrassing, awkward, inconvenient

embargo: sin −   however

emigración (*f*)   emigration

emigrar   to emigrate

emocionante   exciting

emperador (*m*)   emperor

empezar   to begin, to start

empleado (*m*)   employee

emplear   to employ

empresa (*f*)   business, firm

en   in, at, by, on

encantado   how do you do, pleased to meet you

encantar   to delight, to charm

encarecer   to put the price up

encontrarse   to meet, to find, to be situated, to be located

encuesta (*f*)   opinion poll, survey

enero   January

enfermedad (*f*)   illness

enfermera (*f*)   nurse

enfermo (*m*)   sick person, ill (*adj*)

enfrente de   opposite, facing

enfriamiento (*m*)   cold, chill

ensayar   to rehearse

enseñanza (*f*)   education

enseñar   to teach

entendimiento (*m*)   understanding

enteramente   entirely

entrada (*f*)   entrance, entry fee

entrar   to enter

entre   between

entrega (*f*)   delivery

entregar   to hand over

entrevista (*f*)   interview

enviar   to send

época (*f*)   time, period

equipo (*m*)   outfit, team

equivocación (*f*)   error, mistake

escala (*f*)   scale

escalera (*f*)   staircase

escaso   scarce, few, small

escoger   to choose

escribir   to write

escritorio (*m*)   desk, bureau, office

escuchar   to listen

espejo (*m*)   mirror

espejo retrovisor (*m*)   driving mirror

esperar   to wait, to hope, to expect

espinacas (*f*)   spinach

español   Spanish

esparcimiento (*m*)   recreation

esposa (*f*)   wife

esposo (*m*)   husband

esquina (*f*)   corner

estación (*f*)   station

estacionamiento (*m*)   parking

estacionar   to park, to place, to station

estado civil (*m*)   civil status

estadísticas (*f pl*)   statistics

estado (*m*)   civil status, state

estancia (*f*)   stay

estaño (*m*)   tin

estar   to be

este (*m*)   this

esto   this (*pron neut*)

estilo (*m*)   style

estrecho   narrow

estrecho (*m*)   strait

estrella (*f*)   star

estudiante (*m/f*)   student

estudiar   to study

estupendo   wonderful, marvellous

etapa (*f*)   stage, phase

evitar   to avoid

exactamente   that's right

exigir   to demand, to require

existencias (*f pl*)   stocks

existir   to exist

expedir   to issue, to despatch

explotar   to exploit, to tap

extender(se)   to extend, to spread
extranjero (*m*)   foreigner
  al extranjero   abroad
extremo   far, extreme

F
fábrica (*f*)   factory
fabricar   to manufacture, to make
fácil   easy
facilitar   to provide, to facilitate
factura (*f*)   invoice, bill
facultad (*f*)   faculty
falta (*f*)   lack
  hacer falta   to be necessary
fecha (*f*)   date
ferrocarril (*m*)   railway
ferroviario (*adj*)   railway
festivo   holiday
ficha (*f*)   token
fijar   to fix, to arrange
filial (*f*)   subsidiary, associated
      company
final (*m*)   end
  al final de   at the end of
finalidad (*f*)   purpose
firma (*f*)   firm, company, signature
firmar   to sign
fletar   to charter
flota (*f*)   fleet
fluvial (*adj*)   river
folleto (*m*)   pamphlet, brochure
fondo (*m*)   bottom
  al fondo   at the end, at the
      bottom, in the background
forma (*f*)   way, shape, form
formar   to form
formulario (*m*)   form
francés   French
franquicia (*f*)   exemption
frente (*m*)   front
  al frente de   in charge of
  frente a   as opposed to
frontera (*f*)   border, frontier
fuego (*m*)   fire

fuente (*f*)   source, fountain, serving
      dish
fuera de   outside
fuera   outside, out of
fuerte   strong
fuerza (*f*)   force
fuerzas armadas (*f pl*)   armed forces
fundar   to found

G
ganar   to earn
garganta (*f*)   throat
gárgara (*f*)   gargling
gasolina (*f*)   petrol
gasto (*m*)   cost
gatear   to go on all fours, to crawl
gente (*f*)   people
gerente (*m*)   manager
gestionar   to manage, to procure, to
      arrange
global   total, complete, overall
goma (*f*)   rubber
gordo   fat
gozar   to enjoy
grabadora (*f*)   recorder
gracias (*f pl*)   thank you, thanks
grande   big, large, great
grandes almacenes (*m pl*)   department
      store
grasa (*f*)   fat
grato   pleasing
  me es muy grato   it's a pleasure for
      me I'm pleased to
gravamen (*m*)   burden, tax
  libre de gravamen   free of tax
gravar   to burden
gris   grey
gritar   to shout, to scream
grueso   thick, bulky
guardería infantil (*m*)   creche
guarnición (*f*)   garnish
guerra (*f*)   war
guisar   to cook
gustar   to like, to please

gusto (m)   taste, liking
   mucho gusto   pleased to meet
   you, how do you do

H
haber   to have
habitación (f)   room, bedroom
habitante (m)   inhabitant
habla (f)   language, speech
   de habla española   Spanish-
   speaking
hablar   to speak
hace buen tiempo   the weather is fine
hace calor   it is hot
hace falta   it is necessary
hace sol   it is sunny
hace tres años   three years ago
   desde hace tres años   for three
   years
hacer   to make, to do
hacia   towards
hallarse   to be found, to find oneself,
   to be situated
hasta   until, till, even, as far as
hay   there is, there are
hecho (m)   fact
herida (f)   injury
hermana (f)   sister
hermano (m)   brother
herramienta (f)   tool
hielo (m)   ice
hierro (m)   iron
hija (f)   daughter
hijo (m)   child, son
hijos (m pl)   children
historial (m)   curriculum vitae,
   record, dossier
hogar (m)   home
hola   hello
hombre (m)   man
honorarios (m pl)   fees
hora (f)   hour, time
horario (m)   timetable
hoy   today

huelga (f)   strike
húmedo   damp, humid

I
idioma (m)   language
igual   same, equal
ilusión (f)   illusion, hopeful,
   anticipation
iglesia (f)   church
imagen (f)   picture
imaginar   to imagine
impedir   to prevent
implantación (f)   introduction
implantar   to introduce
impreso (m)   form
   rellenar un impreso   to fill in a
   form
impresionante   impressive
imprescindible   necessary
   es imprescindible   it is necessary,
   one has to
impuesto (m)   tax
incendio (m)   fire
inclinarse   to prefer
incluir   to include
incrementar   to increase
indígena   indigenous, indian
individual   single
industrializado   industrialized
infantil   child
inferir   to infer, to deduce
influir   to influence
ingeniero (m)   engineer
Inglaterra (f)   England
inglés   English
ingresar   to enter
ingreso (m)   income, revenue
inicial (f)   initial
inscripción (f)   enrolment
insinuarse   to creep into
insolación (f)   sunstroke
instalación (f)   plant, installation
instituto (m)   secondary school
integrado por   made up of

intermedio   intermediate
intérprete (*m*)   interpreter
interrumpir   to interrupt
inusitado   unusual
inventario (*m*)   inventory,
    stocktaking
invierno (*m*)   winter
ir   to go
isla (*f*)   island
izquierdo   left
    izquierda   left (political)
    a la izquierda   to the left, on the
    left

J
jamón (*m*)   ham
jardín (*m*)   garden
jefe (*m*)   head, boss
jefe de redacción (*m*)   chief editor
jornada (*f*)   day
joven   young
joya (*f*)   jewel
jubilación (*f*)   retirement
juego (*m*)   game
jugar   to play
jugar un papel   to play a role
juicio (*m*)   judgement
juicio (a mi —)   in my opinion
junta (*f*)   board, meeting
junto   together
    junto a   near to, next to, close to

L
la (*f*)   the, the one
labor (*f*)   labour, work, task
lado (*m*)   side
    al lado   next door
    al lado de   next to
ladrón (*m*)   burglar
lamentar   to regret
lápiz (*m*)   pencil
largo   long
    a lo largo de   alongside, all through
    (time) throughout

laringe (*f*)   larynx
lástima (*f*)   pity
    que lástima   what a pity
lavabo (*m*)   wash stand, hand basin,
    toilet
lavar   to wash
leche (*f*)   milk
leer   read
lejos   far
lema (*m*)   theme, motto
lenguado (*m*)   sole
lento   slow
letra bancaria (*f*)   banker's draft
levantarse   to get up, to rise
libra (*f*)   pound
    libra esterlina   pound sterling
libre   free
limpiaparabrisas (*m*)   windscreen
    wipers
limpieza (*f*)   cleaning, cleanliness
línea (*f*)   line
litera (*f*)   bunk, berth
liviano   light
longitud (*f*)   length
lucha (*f*)   fight
luego   later, then
lugar (*m*)   place
lujo   luxury
lujoso   luxurious

Ll
llamada (*f*)   call
    llamada telefónica (*f*)   telephone
    call
llamado (*m*)   so called
llamar   to call
    me llamo   my name is
llamarse   to be called
llave (*f*)   key
llegada (*f*)   arrival
llegar   to arrive
llenar   to fill
lleno   full

llevar   to carry, to take, to bring, to wear (clothes)
llevar tiempo haciendo algo   to have been doing something for a certain time
llover   to rain
lluvia (f)   rain

M
madera (f)   wood
madre (f)   mother
madrileño (m)   inhabitant of Madrid
maíz (m)   maize, corn
mal   bad, badly
maleta (f)   suitcase
malo   bad
mancha (f)   spot
mandar   to send, to order
manejar   to manage, to work, to operate, to drive (Latin Am.)
manera (f)   way
mano (f)   hand
mantener   to maintain
mantención (f)   maintenance
manzana (f)   apple
mañana (f)   tomorrow, morning
máquina (f)   machine
máquina fotográfica (f)   camera
máquina de escribir (f)   typewriter
marca (f)   make, brand
marcar   to mark, to indicate
marido (m)   husband
marisco (m)   seafood
marrón   brown
más   more, most, else
  más que   more than
materias primas (f pl)   raw materials
matrícula (f)   registration
matricular(se)   to register
mayor   bigger, main, older
mayoría (f)   majority
me   me, to me
mecánico (m)   mechanic
mediados de   middle of

medianoche (f)   midnight
mediante   through, by means of
medidas (f pl)   measurements
medio (m)   method, middle, means, half, average
mediodía (m)   midday
medir   to measure
mejor   better
mejorar   to improve, to get better
menor (m)   younger, minor
menudo: a—   frequently, often
mercado (m)   market
mercancía (f)   merchandise
mercantil   commercial
merecer   to merit, to deserve, to be worthy of
merluza (f)   hake
mero   mere, pure, simple
mes (m)   month
mesa (f)   table, desk
mestizo (m)   mixed race
metálico   metal
metálico (m)   cash
mexicano   Mexican
mezcla (f)   mixture
mezclar   to mix
mezquita (f)   mosque
mi   my
microcomputador (m)   microcomputer
miel (f)   honey
mientras   while
mientras que   whereas
milagro (m)   miracle
millón (m)   million
minería (f)   mining
minuto (m)   minute
mirar   to look
mismo   same
mitad (f)   half
modales (m pl)   manners
modo (m)   way, means
molestia (f)   trouble, bother
moneda (f)   coin, money, change

montaña (*f*)   mountain
moreno   dark, brown
morir   to die
mostrar   to show
mucho   much, a lot
　　mucho gusto   pleased to meet you,
　　　how do you do?
mueble (*m*)   piece of furniture
muebles (*m pl*)   furniture
muestrario (*m*)   range of products,
　　samples
mujer (*f*)   woman, wife
multiplicar   to multiply
mundial   world
mundo (*m*)   world
música (*f*)   music
música ambiental (*f*)   piped music
muy   very
　　muy a menudo   very often

N
nacer   to be born
nacimiento (*m*)   birth
nacionalidad (*f*)   nationality
nada   nothing
　　de nada   don't mention it
nadar   to swim
Navidad (*f*)   Christmas
naviero   shipping
navío (*m*)   boat
negocio (*m*)   business
neumático (*m*)   tyre
neumático de repuesto (*m*)   spare
　　tyre
nevazón (*f*)   snowstorm
ningún, ninguno (*m*)   none
niño (*m*)   child
nitidez (*f*)   spotlessness, clarity
nivel (*m*)   level
no   no, not
noche (*f*)   night
nombrar   to appoint, to nominate
nombre (*m*)   name
nómina (*f*)   payroll

nor(d)este (*m*)   northeast
noroeste (*m*)   northwest
norteamericano   North American
nube (*f*)   cloud
nuestro   our
nuevo   new
número (*m*)   number
nunca   never

O
objetos perdidos (*m pl*)   lost property
obra en mi poder su carta   I have
　　received your letter
obrar   to work
obtener   to obtain
occidental (*adj*)   west
ocultar   to hide
ocupar   to occupy, to fill (post)
oferta (*f*)   tender, bid, offer
oficina (*f*)   office
ofrecer   to offer
oír   to hear, to listen
ojalá   I hope so, God willing!
ojo (*m*)   eye
olivo (*m*)   olive tree
olvidar   to forget
opinar   to hold an opinion
ordenador (*m*)   computer
ordenar   to arrange, to order
orgulloso   proud
orilla (*f*)   bank, shore
oro (*m*)   gold
oscilar   to oscillate
ostentar   to have, to carry, to possess,
　　to show off
otoño (*m*)   autumn
otorgar   to grant, to confer
otro   other, another

P
padre (*m*)   father
padres (*m pl*)   parents
pagar   to pay
país (*m*)   country

país y ciudad de origen   country and city of origin

País Vasco (m)   Basque Country

paisaje (m)   landscape, countryside

palabra (f)   word

pan (m)   bread

pantalla (f)   screen

pantalones (m pl)   trousers

papel (m)   paper

jugar un papel   to play a role

papelería (f)   stationery, stationery shop

paquete (m)   parcel, packet

par: a la —   at par

par (m)   pair

para   for, towards, in order to, by

para que   in order that, so that

parada (f)   stop

parada del autobús (f)   bus stop

parabrisas (m)   windscreen

parado   unemployed

parar   to stop

parecer(se) a   to seem, to look like, to resemble

si le parece bien   if it is alright with you, if you like

me parece que sí   I think so

pariente (m)   relative

paro (m)   unemployment

parque (m)   park

parte (f)   part

¿de parte de quién?   Who shall I say?

partida (f)   departure

partir   to depart, to cut

a partir de   from, as from

pasajero (m)   passenger

pasar   to go in, to come in, to pass, to spend (time), to happen

pasarlo bien   to have a good time, to enjoy oneself

paseo (m)   walk

ir or salir de paseo   to go for a walk

pasillo (m)   passage

patata (f)   potato

patrimonio (m)   inheritance, birthright, heritage

patrocinar   to sponsor

patronal (f)   bosses, management

pedido (m)   order

hacer un pedido   to place an order

pedir   to ask, to order

película (f)   film

peluquería (f)   hairdresser

penoso   arduous

pensar   to think

peor   worse

pequeño   small

perder   to lose

pérdida (f)   loss

perdido   lost

perdidos: objetos —   lost property

periódico (m)   newspaper

periodista (m/f)   journalist

perla (f)   pearl

permanencia (f)   stay

permitir   to allow

permitido   allowed

pero   but

persiana (f)   blind

personal (m)   personnel

perteneciente a   belonging to

pesar   to weigh

a pesar de   in spite of

pesca (f)   fishing

pescar   to fish

pesebre (m)   manger, crib

peso (m)   weight

peso (m)   South American currency (e.g. Chile, Mexico, Argentina)

pesquero   fishing

industria pesquera   fishing industry

petróleo (m)   oil

picadillo (m)   minced meat

pie (m)   foot

a pie   on foot

piedra (f)   stone

piel (f)   leather, skin

pila (*f*)   battery
pintura (*f*)   painting, paint
piscina (*f*)   swimming pool
piso (*m*)   flat, floor, storey
pista (*f*)   court
pizarra (*f*)   blackboard
plano (*m*)   plan
planta baja (*f*)   ground floor
plantel (*m*)   establishment, training,
    workforce, nursery
plata (*f*)   silver
plátano (*m*)   banana
playa (*f*)   beach
plaza (*f*)   square, place
plenamente   completely, fully
pleno   full
población (*f*)   population,
    settlement, town or city
poco   little, short time
poder (*m*)   power
poder   can, be able to
policía (*m*)   policeman
policía (*f*)   police force
póliza (*f*)   policy
polos de industrialización (*m pl*)
    areas of industrialization
ponerse al día   to keep abreast
por   for, by, through, in, along, per
  por aquí   this way
  por cien(to)   per cent
  por ejemplo   for example
  por favor   please
  por la tarde   in the afternoon/
    evening
  por la mañana   in the morning
  por la noche   at night
porcentaje   percentage
portátil   portable
postal   postal
postal (*f*)   postcard
postergar   to put off, to postpone
posteriormente   later, afterwards
precio (*m*)   price
preferir   to prefer

pregunta (*f*)   question
prenderse   to catch fire
prensa (*f*)   press
preocuparse   to worry
presencia (*f*)   presence
  tener buena presencia   to be
    presentable, smart
préstamo (*m*)   loan
prestar   to lend
presupuesto (*m*)   budget
  presupuesto familiar (*m*)   family
    budget
prever   to foresee
previo   previous, prior
previsión (*f*)   forecast
primavera (*f*)   spring (time)
principal   main
probar   to try, to test
procedencia (*f*)   source, origin
proceder de   to come from
procedente de   coming from
profesión (*f*)   profession
profesor (*m*)   teacher
prohibido   prohibited, forbidden
prohibir   to prohibit, to forbid
promedio (*m*)   average
pronombre (*m*)   pronoun
propina (*f*)   tip
propio   own
proporcionar   to give, to provide, to
    supply
próspero   prosperous
provechoso   advantageous
provenir   to come from, to arise
    from, to stem from
proveniente de   arising from, coming
    from
próximo   next
  más próximo   nearest
publicidad (*f*)   publicity
pueblo (*m*)   village, small town,
    people
puente (*m*)   bridge
puerta (*f*)   door

puerto (*m*)   port
  puerto franco (*m*)   free port
pues sí   well yes
punto (*m*)   point, dot
puro (*m*)   cigar
puro   pure

Q
que (*rel pron*)   what, that
  ¡qué hay!   hello, how are you?
  ¡qué tal!   hello, how are you?
quedar   to remain, to stay, to agree
quedarse   to stay
querer   to want, to wish, to love
quien   who
química (*f*)   chemistry
químico (*m*)   chemist, chemical
  ingeniero químico   chemical
    engineer
quizá(s)   perhaps

R
rama (*f*)   branch
ramo (*m*)   branch
ranura (*f*)   groove, slot, crack
rapidez (*f*)   speed
rápido   fast
rasgo (*m*)   feature, characteristic
rato (*m*)   moment, while
razón (*f*)   reason
  a razón de   because of, due to, at
    the rate of
  en razón de   with regard to
  tener razón   to be right
real   royal, real
realizar   to carry out, to perform; to
    undertake
rebaja (*f*)   reduction
recado (*m*)   message
recalar   to land
recargo (*m*)   surcharge
reclamación (*f*)   complaint
reclamar   to complain

recomendar   to recommend, to
    suggest
recompensa (*f*)   reward,
    compensation
reconocer   to recognize
reconocimiento (*m*)   examination
    (medical)
recordar   to remember, to remind
recorrido (*m*)   run, journey
recto   straight
  todo recto   straight on
recursos naturales (*m pl*)   natural
    resources
red (*f*)   network, net
referente   concerning
regalar   to give a present
regalo (*m*)   present
regar   to water
registrar   to register, to show, to
    record
registro (*m*)   register
regla (*f*)   rule, ruler
reglas del juego (*f pl*)   rules of the
    game
regresar   to return
regreso (*m*)   return
reina (*f*)   queen
reinado (*m*)   reign
reinar   to reign
Reino Unido   United Kingdom
reintegrable   returnable
relevo (*m*)   relief
relieve (*m*)   relief (Geography)
rellenar   to fill in, to complete
reloj (*m*)   watch, clock
remolacha (*f*)   (sugar) beet
rendir   to yield
reparar   to repair
reponerse   to recover (medical)
reposar   to rest
representante (*m*)   representative
representar   to represent
resaltar   to stand out
resolver   to solve

responder   to answer
respuesta (f)   answer
restar   to deduct, to take away, to
    subtract
resuelto   solved
reunión (f)   meeting
reunirse   to meet
revista (f)   magazine
rey (m)   king
riesgo (m)   risk
riqueza (f)   wealth, riches
ritmo (m)   rate, rythmn
rogar   to ask, to pray
ropa (f)   clothes
    ropa interior (f)   under clothing
romper   to break
ronquera (f)   hoarseness
rotativamente   in rotation
rotundamente   emphatically, roundly
rubio blonde
ruego: le – que   please, kindly
rutinario   routine

S
saber   to know
sacar   to take out, to get, to buy
    (tickets)
sala (f)   room, lounge, hall, sitting
    room
saldo (m)   balance
salir   to go out, to leave, to turn
    out, to prove
salón (m)   sitting room
salud (f)   health
saludar   to greet
salvaguardar   to safeguard
salvo   except
sangría (f)   drain
seco   dry
secretaria (f)   secretary
    secretaria de dirección   personal
        secretary
sede (f)   seat (company, government
    headquarters)

seguir   to follow, to continue
según   according to, in accordance
    with
segundo   second
seguro (m)   insurance
seguro   sure, certain
    estar seguro   to be sure, to be
        certain
    póliza de seguro   insurance policy
sello (m)   stamp
selva (f)   forest, wood, jungle
semana (f)   week
semestral   half yearly
señalar   to point out, to name, to set,
    to fix
señor (m)   Mr, sir, gentleman
señora (f)   lady, wife, Mrs, madam
señorita (f)   young lady, Miss
sensiblemente   perceptibly,
    noticeably
sentarse   to sit down
sentido común (m)   common sense
sentir   to be sorry about
    lo siento   I'm sorry
sentirse   to feel
    sentirse mal   to feel sick
sequedad (f)   dryness
ser   to be
servicios (m pl)   service industries,
    toilets
servir   to be useful, to serve
si   if, whether
sí   yes
siderurgia (f)   iron and steel industry
siderúrgica (adj)   iron and steel, iron
    and steel works
siempre   always
    siempre que   as long as
siento: lo –   I'm sorry
siéntese   sit down
siglo (m)   century
siguiente   next, following
sin   without
sindicato (m)   trade union

sino   but
sitio (*m*)   place
situar   to locate
soberanía (*f*)   sovereignty
sobre   about, on, above
sobre (*m*)   envelope
sobrepasar   to surpass, to exceed
sobresaliente   outstanding
sobrio   moderate
sol (*m*)   sun
solamente   only
soldado (*m*)   soldier
soler   to be in the habit of, to usually
solicitar   to ask for, to apply for
solicitud (*f*)   application, petition
  solicitud de apertura (*f*)   application to open an account
solo   alone
sólo   only
solomillo (*m*)   sirloin
soltero   single, bachelor
sonar   to sound, to ring
sonido (*m*)   sound
soplar   to blow
su   your, his, her, its, their
suave   soft, light, smooth
subdesarrollado   underdeveloped
suceder   to happen
sueldo (*m*)   salary
suelo (+ *infinitive*)   I usually
sufrir   to suffer, to undergo
sumar   to add up
suministrar   to supply
superación (*f*)   improvement, doing better
superficie (*f*)   surface area
supermercado (*m*)   supermarket
suprimir   to cut out, to cancel, to abolish
suponer   to suppose, to assume
  supongo que sí   I suppose so
surcar   to ply
sustentar   to sustain

T
tabaquería (*f*)   tobacco shop (Méx)
tal   such
  tal como   such as
  ¿Qué tal?   how are you? What about ...?
tamaño (*m*)   size
también   also
tampoco   neither
tanto   so much, as many, so
  tanto A como B   both A and B
  un —   rather
tardar   to take time, to last
tarde (*f*)   afternoon, evening
tarde   late
tardes: buenas —   good afternoon, good evening
tardío   late, overdue, belated
tarjeta (*f*)   card
  tarjeta postal (*f*)   postcard
tasa (*f*)   rate, estimate, valuation
  tasa de mortalidad (*f*)   death rate
  tasa de nacimiento (*f*)   birth rate
teclado (*m*)   keyboard
telefónica: compañía — (*f*)   telephone company
tendero (*m*)   shopkeeper
tenderse   to lie down
tener   to have
  tener — años   to be — years old
  tener lugar   to take place
  tener que   to have to
  tener derecho a   to be entitled to
teniente (*m*)   lieutenant
terminar   to end, to finish
terraza (*f*)   balcony, terrace
terrestre (*adj*)   land, terrestrial
tertulia (*f*)   social gathering
tiempo (*m*)   weather, time
tienda (*f*)   shop, tent
tinto   red (wine)
tintorería (*f*)   dry-cleaner
tipo (*m*)   kind, type, class
tocador: artículos de — (*m pl*)   toiletries

todo   everything, all, everyone

todos   all, everyone

   Todos los Santos   All Saints' Day

tomar   to take, to drink, to eat

tope (*m*)   top, maximum

trabajar   to work

trabajador (*m*)   worker

trabajador   hard working

trabajo (*m*)   work, job, occupation

traducir   to translate

traductor (*m*)   translator

traer   to bring

tragar   to swallow

tráigame   bring me

tráiganos   bring us

trámites (*m pl*)   procedures

transbordar   to change (trains etc)

transbordo (*m*)   change (trains etc)

transeúnte (*m/f*)   passer-by,
   non-resident

trasladar   to move, to be transferred

trata: se – de   it's about, is a
   question of

tratarse   to be about

través: a – de   through, by means of

tren (*m*)   train

tribu (*f*)   tribe

trigo (*m*)   wheat

tripulación (*f*)   crew

tripulación auxiliar (*f*)   cabin crew

triunfo (*m*)   victory, triumph

turismo (*m*)   tourism

turista (*m*)   tourist

turístico   touristic

tutor (*m*)   guardian

U

ubicar   to place, to situate

un   a, an, one

unidad (*f*)   unit

unido   united

unir   to join

universidad (*f*)   university

unos   about, around

usted, Ud. (Latin Am), Vd.   you
   (*sing* polite form)

ustedes, Uds., Vds.   you (*pl* polite
   form)

V

vacaciones (*f pl*)   holidays

vagones de ferrocarril (*m pl*)   railway
   carriages

vagón (*m*)   coach, carriage

vale la pena   it's worthwhile

valer   to be worth, to cost, to be
   good

vasco   Basque

veces (*f pl*)   times

   a veces   sometimes

   veces (dos, tres —)   twice, three
      times etc

vecino (*m*)   neighbour

velocidad (*f*)   speed, gear

vendedor (*m*)   salesman

vender   to sell

venezolano   Venezuelan

venir   to come

venta (*f*)   sale

ventaja (*f*)   advantage

ver   to see

verano (*m*)   summer

verdad (*f*)   truth

¿verdad?   right?

verde   green

verdura (*f*)   green vegetable, green,
   greenery

vestido (*m*)   clothing, dress

vestir   to dress

vestirse   to get dressed

vez (*f*)   time

   tal vez   perhaps

   otra vez   again

   una vez   once

vía (*f*)   road, by, railway line, way,
   route

viajante (*m*)   traveller

viaje (*m*)   journey

viajero (*m*)   traveller
  cheque de viaje(ro)   traveller's
    cheque
vida (*f*)   life
viento (*m*)   wind
  hace viento   it's windy
viernes   Friday
Viernes Santo   Good Friday
villancico (*m*)   Xmas carol
vino (*m*)   wine
virrey (*m*)   viceroy
visado (*m*)   visa, permit
vista (*f*)   sight, view
  a la vista (*f*)   at sight
vivienda (*f*)   accommodation,
  housing, house

vivir   to live
volver   to return
vuelo (*m*)   flight

Y

y   and
ya   already
  ya no   not any longer
yacimiento (*m*)   deposit (mineral)
yo   I

Z

zapato (*m*)   shoe
zona (*f*)   region, zone